LE CITOYEN MENDÈS FRANCE

LE CITOYEN MENDÈS FRANCE

15 témoignages recueillis et présentés par

Jean Daniel et Jean Lacouture

ÉDITIONS DU SEUIL
27, rue Jacob, Paris VIe

ISBN 2-02-019427-9

Avant-propos

Vivant, il était déjà érigé en mythe : celui d'un homme public par qui fut manifestée la preuve que toute action n'est pas vaine, ni toute politique sale.

Dix ans après sa mort, le mythe s'est épanoui en légende — et mieux, en référence. Qui, aujourd'hui, hors l'extrême droite et peut-être certains communistes vindicatifs, ne se réclame de lui ? Le nom de Pierre Mendès France s'est identifié à trois idées-forces : entre la morale et la politique, le divorce n'est pas à jamais prononcé ; les libertés démocratiques ne sont pas incompatibles avec un encadrement rationnel de l'économie ; il n'est aucun problème dont la gravité ne puisse être dominée par une volonté politique générale et forte, appuyée sur une explication qui fait appel à la dignité des citoyens.

De sa gloire, on dira certes qu'elle doit beaucoup à une pressante nostalgie, et que le nom de Mendès exprime ce qui aurait pu être plus sans doute que ce qui a été. Mais il se trouve que cet homme qui n'a exercé l'autorité de l'État que pendant quelques semaines en 1938 sous l'égide de Léon Blum, puis une quinzaine de mois (1943-1945) dans la mouvance du général de Gaulle et moins de huit mois au sommet des responsabilités (1954-1955) a su s'imposer néanmoins comme le symbole d'une conception de la vie politique.

Ainsi l'histoire de « PMF » homme d'État français du XXe siècle pose-t-elle dans leur plénitude les problèmes de la signification du métier politique, des rapports entre la fin et les moyens et des relations entre l'éthique et l'exercice des mandats publics.

Idéalisation nourrie de vains regrets ? Si peu que l'intéressé lui-même goûtât le mot, nous ne pouvons dissimuler que le « mendésisme » fut (et reste ?) à la source du seul engagement durable de notre vie « politique », au moins après la guerre, au temps où, sous l'impulsion d'un petit homme brun et râblé au regard mélancolique et à la voix vibrante de sagesse, la France émerge d'un marécage pour proposer au monde un contrat raisonnable de solidarité et de paix.

Nous avons connu les limites de cette action, qui ne furent pas seulement temporelles (quelques mois, quelques jours...) et les failles d'un volontarisme parfois énervé par le scrupule et une sensibilité d'autant plus à vif qu'elle avait été bafouée et insultée. Et la tentation qui fut aussi la sienne — bien exprimée ici par Édouard Balladur — d'être un témoin, un pédagogue, un censeur ou Cassandre plutôt que mécanicien ou timonier. Nous n'avons jamais pris « PMF » pour un surhomme, ni pour un saint. Un juste ? (Avait-il l'ambition de l'être ?) Un homme, simplement, dont la chose publique, la

République et ses indéfinis prolongements au-delà des frontières fut la très exaltante, mais raisonnable passion.

N'est-il pas significatif qu'au moment de célébrer le dixième anniversaire de la mort de ce juste par un film composé de témoignages et de documents, douze hommes publics de premier plan, associés à quelques intimes, aient voulu dire leur respect parfois neuf, ou leur fidélité renouvelée par leur propre expérience du pouvoir ?

Ces entretiens qu'ils nous ont accordés nous ont paru si riches, que nous avons voulu remédier à l'inévitable mutilation entraînée par la servitude de la sélection filmée : d'où ce petit livre où, on le verra, l'hommage spontané ne viole jamais les droits de la critique. Par fidélité au film, nous avons choisi de faire intervenir ces témoignages « par ordre d'apparition à l'écran » *.

Jean Daniel
Jean Lacouture

* Seule des interlocuteurs, Mme Françoise Giroud a préféré ne pas voir paraître son témoignage ; quant à celui de M. Pham Van Dong, n'ayant pas été recueilli par les auteurs, il ne pouvait trouver sa place ici.

François Mitterrand

Fasciné, dès l'époque de ses études universitaires, par la personnalité du « plus jeune député de France », « jeune turc » du parti radical, François Mitterrand allait nouer sa carrière à celle du secrétaire d'État de Léon Blum devenu le ministre de Charles de Gaulle.

Au moment où il est investi du pouvoir en juin 1954, c'est au député de la Nièvre que fait d'abord appel Mendès France pour l'aider à former son gouvernement et assumer le périlleux ministère de l'Intérieur. Depuis lors, entre vents et marées, avec des hauts et des bas, et non sans dissonances, les deux carrières sont entrelacées, provoquant une exemplaire rivalité entre le souhaitable et le possible, l'autorité reconnue et le pouvoir exercé...

D'où la pertinence d'un avis informé par l'histoire et nourri de souvenirs brûlants.

JEAN DANIEL : Monsieur le Président, on cherche en vain dans les ouvrages qui vous sont consacrés, comme dans ceux concernant Pierre Mendès France, une évocation de votre première rencontre. Quand avez-vous entendu, pour la première fois, parler de lui ? Et quelle image avait-il à vos yeux ?

François Mitterrand : Étudiant au moment du gouvernement du Front populaire, je connaissais son nom. C'était un des « jeunes turcs » radicaux. Pour tout jeune homme qui s'intéressait à la vie politique, son nom, comme celui de Pierre Cot, était lié à ce mouvement de rénovation. Et sa collaboration avec Léon Blum avait été remarquée. Pour ce qui est de notre première rencontre, je vous rappelle que nous étions au Parlement ensemble dès 1946. Mais je ne le connaissais pas personnellement. C'est surtout à propos des luttes d'idées sur le devenir de la décolonisation, autour des années 1949-1950, que j'ai commencé à l'approcher vraiment. Nous avons beaucoup discuté de la guerre d'Indochine, ce qui nous a rapprochés. A l'époque, Pierre Mendès France était minoritaire, un peu comme l'était Clemenceau avant 1917. Très peu de gens étaient vraiment associés à son action. J'en étais.

Jean Lacouture : La formation de son gouvernement de 1954 a posé des problèmes intéressants, notamment votre désignation au ministère de l'Intérieur. Pourquoi vous a-t-il chargé de cette mission éminemment périlleuse ?

Je pense qu'après avoir comparé, il a choisi...

J.D. : C'était votre désir ?

Oui. Je n'ai pourtant pas fait comme Clemenceau qui, en 1905, pour la première fois, à soixante-cinq ans, est devenu ministre : lors de la réception donnée par le président du Conseil désigné, Sarrien, celui-ci avait demandé devant les petits fours : « Cher ami, que prenez-vous ? » et Clemenceau avait riposté : « L'Intérieur. »

Mais je n'ai pas eu l'occasion de refaire ce mot. Pierre Mendès France connaissait assez peu le personnel politique. Au surplus, il avait pris une position assez rigoureuse, conforme à son tempérament : il ne voulait pas faire de visite aux caciques du régime, présidents des Assemblées, des partis, ce qui lui évitait de subir des influences. Il dédaignait les équilibres, il cherchait des hommes.

Bien entendu, ce refus de se référer aux responsabilités des grandes formations politiques n'allait pas lui faciliter la tâche, ni pour former son gouvernement, ni pour le faire durer. Mais enfin, ça, c'est une autre affaire, c'était, et je le répète, tout à fait conforme à sa façon de faire.

Il avait quelques amis politiques comme Berthoin et aussi quelques amis personnels comme Jean-Jacques Servan-Schreiber. Moi-même, je tenais la plume, notant des noms en face de postes ministériels. Ça a duré la moitié d'une nuit.

J.L. : C'était un gouvernement de coalition ?

Non. C'est un gouvernement qui échappait aux normes.

J.L. : Sur les questions fondamentales de l'époque, Indochine, Algérie, CED, vous êtes en plein accord ? Vous en aviez en tout cas longuement parlé ?

Suivant, chacun de son côté, une évolution particulière, nous en étions arrivés au même point sur les problèmes de la décolonisation. Quant à la CED, Pierre Mendès France était plus réservé que moi.

J.L. : Dès le début ?

Oui, au moins à l'égard de la première mouture de la Communauté. Moi j'étais plutôt favorable, bien que trouvant anormal de créer une Europe militaire avant de disposer d'une Europe politique ; au surplus, je voyais dans cette Europe militaire une sorte d'appendice du Pentagone, ce qui ne me plaisait pas plus qu'à lui.

Lorsqu'il a décidé que son gouvernement, qui comptait des hommes d'opinions très différentes et même opposées, puisqu'il y avait des gaullistes aussi bien que des « européens » convaincus, se cantonnerait dans l'abstention, je n'ai pas eu de mal à m'abstenir en tant que ministre de l'Intérieur.

Certains des conseillers et de ses amis étaient très hostiles à la CED, d'autres étaient pour, comme moi ; lui-même hésitait se rendant compte très clairement de l'ampleur des perspectives qui s'ouvraient, et qui le séduisaient, mais aussi des antinomies et des contradictions qui pesaient sur l'entreprise.

J.L. : Certains historiens notent une dissonance entre vous à propos de ce que l'on a appelé l'affaire des fuites, signalant que vous avez peu apprécié la façon dont le président du Conseil vous a traité en l'occurrence.

Ce qui est vrai c'est que, pour des motifs que j'ignore, je n'ai pas été informé, alors que j'étais ministre de l'Intérieur, des premiers éléments de cette affaire qui était parvenue à la connaissance du président du Conseil.

C'était au mois d'août. J'étais parti en vacances dans les Landes, où je vais chaque année depuis longtemps. Et j'ai été rappelé par un coup de téléphone d'une collaboratrice de Pierre Mendès France, Léone Georges-Picot, maintenant Léone Nora, qui était une amie. Beaucoup de bruits étaient parvenus à mon oreille, mais j'en ignorais vraiment le fond.

Et je me suis trouvé devant une espèce d'imbroglio monté par un commissaire de police qui se promenait dans tous les milieux politiques en distribuant des documents faisant état de révélations sur les délibérations du Comité de défense nationale qui auraient été communiquées aux communistes, donc à l'ambassade soviétique... Cette affaire d'espionnage extraordinaire, qui a fait couler beaucoup d'encre, consistait simplement dans la communication à l'ennemi supposé de la liste de régiments en partance pour l'Indochine, liste qui était affichée sur les quais du port de Marseille...

En fait, Pierre Mendès France avait autre chose à faire. Mais, il avait sur les bras des problèmes très difficiles, en particulier le règlement de l'affaire d'Indochine. Et c'était un homme très systématique, qui traitait les affaires dossier après dossier. « On verra ça plus tard, laissez-moi d'abord m'occuper de ce que j'ai choisi de faire... » D'ailleurs, il était presque constamment à Genève, pris par la négociation indochinoise. En tout cas, j'ai toujours trouvé chez lui cette rigueur que chacun connaît, et une grande honnêteté intellectuelle. Lorsque le débat est venu à l'Assemblée nationale, il a été totalement solidaire, même si j'étais en première ligne. C'est à la lecture de certains historiens que j'ai appris qu'il y avait eu un malaise entre nous à ce sujet...

J.D. : Sur l'Indochine, il n'y a pas eu de problème entre vous. Ni sur la Tunisie, mais sur l'Algérie ?

J'étais ministre de l'Intérieur, chargé du dossier. Par la suite, on a cherché à distinguer nos deux rôles ou nos deux positions. En fait, nous étions tout à fait en harmonie sur toute cette affaire.

A l'époque, il y avait une loi d'intégration des départements français de l'Algérie à la métropole ; le statut de 1947. Cette intégration des Algériens musulmans était considérée comme un régime de progrès... Elle avait pour auteur Depreux, qui fut, comme vous le savez, l'un des fondateurs du PSU.

Mais cette législation n'était jamais entrée dans les faits. Les inégalités étaient criantes et la grande majorité des Algériens musulmans étaient tenus à l'écart. L'ambition était précisément de faire entrer la loi dans les faits, et de donner à tous les Algériens les mêmes capacités, les mêmes chances d'avenir.

En tant que ministre de l'Intérieur, j'étais responsable non de la guerre, mais des mesures à prendre pour faire face à cette hostilité qui est restée longtemps larvée, signalée de temps à autre par des incidents peu à peu coordonnés qui ont constitué le début de ce que l'on a appelé la guerre d'Algérie. Vous conviendrez que celle-ci n'a commencé véritablement qu'après la chute du cabinet Mendès France. Mais auparavant, l'assassinat de plusieurs Français la nuit de la Toussaint nous avait contraints à dépêcher sur place des renforts importants, décidés en parfait accord entre nous.

J.D. : Précisons le sens de la question. Est-il vrai qu'à l'instar d'un certain nombre de responsables français vous aviez plus de mal que Pierre Mendès France à vous accommoder d'un possible aménagement des rapports entre la France et l'Algérie ?

C'est une information qui ne repose sur rien. Il y a vraiment eu beaucoup de malveillance à ce propos dans certains milieux que je connais bien. C'est vraiment le type de procès qui ne tient pas debout.

J.D. : N'aviez-vous pas plus de difficulté que Mendès France à comprendre que deux pays, liés depuis plus d'un siècle, puissent se séparer ?

Mais jamais Mendès France n'a accepté qu'ils fussent séparés !

J.D. : Il a fini par l'admettre.

Nous avons tous fini par l'admettre. Mais en 1954-1955, il y avait très peu de gens, sinon quelques journalistes du premier *Observateur*, pour souhaiter l'indépendance de l'Algérie... Dans les milieux politiques, beaucoup cherchaient des solutions nouvelles et j'ai fait moi-même des propositions multiples, de caractère fédéral ou confédéral, pour grouper l'ensemble de nos possessions d'Afrique dans un ensemble, premier dessein de ce qui aurait pu être une communauté franco-africaine. Les imaginations allaient vite, mais personne ne préconisait l'indépendance – Mendès France pas plus que les autres.

J.D. : Mais la négociation ?

La négociation, naturellement, nous l'avons entreprise. Pas avec ceux qui devaient gouverner par la suite. On ne les connaissait pas. Ils étaient clandestins. Nous avons parlé avec les dirigeants qui avaient bâti leur réputation sur la lutte pour les droits des Algériens musulmans, ce qui pouvait conduire naturellement jusqu'à un statut de droit international. Je veux parler de Ferhat Abbas et de ses compagnons au sein de l'Assemblée algérienne. Dès le départ, Pierre Mendès France, en accord avec moi, a établi des relations avec ceux dont je parle. Ainsi la négociation était-elle amorcée.

J.L. : Lors de la prise du pouvoir par le général de Gaulle, au début de juin 1958, on peut déceler une certaine différence de réflexes entre Pierre Mendès France et vous-même, lui disant à de Gaulle : « Non, mais », et vous disant : « Non, non. » Lui suggérant que si le général ouvrait la voie à une solution algérienne il pourrait se rallier. Vous semblant exclure cette hypothèse.

Pas tout à fait. J'ai moi-même dit à l'Assemblée nationale, dans un discours de refus, que si le général de Gaulle faisait ce que je souhaitais qu'il fît... Mais ça ne s'est pas produit ! Mendès France avait pour de Gaulle un attachement sentimental que je ne partageais pas. Moi, je ne l'avais pas connu. Je l'avais bien rencontré au mois de décembre 1943 à Alger, en mission entre la France occupée et Alger où de Gaulle dirigeait la France libre. J'avais regagné la métropole sur un constat de désaccord à propos des rapports avec la Résistance, ce qui n'a pas empêché de Gaulle de me désigner quelques semaines plus tard parmi les quelques hommes qui ont été chargés d'assurer la transition du pouvoir à Paris, sous l'autorité de Parodi.

Depuis Londres, Pierre Mendès France avait avec de Gaulle une sorte de liaison personnelle, que je n'avais pas. C'est peut-être là que se situe la différence. C'est à vous, les historiens, d'en juger.

J.D. : Vous souvenez-vous de vos commentaires respectifs de cet épisode de 1958 ?

Nous avons surtout parlé de l'espèce de début de guerre civile qui se dessinait, de cet « appel au peuple » qui faisait penser à un plébiscite...

J.D. : Évoquait-il le 2 décembre ?

Non. Il n'allait pas jusque-là. Il dénonçait le plébiscite.

J.L. : Si l'on prolonge le parallèle historique, peut-on dire, *grosso modo*, que Mendès a été étranger à la Ve République, et que vous, vous l'avez en somme utilisée ?

On peut dire ça, en effet. Vous savez qu'en 1965 Pierre Mendès France a été pressenti par beaucoup de gens pour être candidat à la présidence de la République et qu'il s'y est catégoriquement refusé. Il donnait deux raisons à ce refus. D'abord, le pouvoir personnel, selon lui, ne laisserait aucune chance à l'opposition. Pourquoi, disait-il, contresigner nous-mêmes une défaite inéluctable ? Je pensais qu'il se trompait. Bien que, sans indulgence pour ce que j'ai appelé « le coup d'État permanent », j'aie fait un autre choix.

La deuxième raison de Mendès France était d'un autre ordre : j'ai connu le Front populaire, disait-il, sous l'autorité de Léon Blum. Léon Blum était juif. Je le suis aussi, je ne veux pas participer à un renouveau de l'antisémitisme.

J.L. : Il vous l'a dit ?

Oui.

J.L. : A cette époque ?

A cette époque.

J.L. : Faisons, si vous le voulez bien, un nouveau bond jusqu'en mai 1968 ? On a parlé, là encore, de dissonances entre vous.

Dissonances ? Expliquez-vous...

> J.L. : Cette fois, c'est lui qui aurait, si l'on peut dire, « utilisé » Mai 68, et vous qui y auriez été étranger. Est-il juste de renverser ainsi l'ordre des facteurs ?

Non. Disons qu'il y a deux types d'appréciation. Pierre Mendès France est allé au fameux meeting de Charléty, auquel, moi, je ne suis pas allé. Il s'agit donc déjà d'une différence d'attitudes.

Il se sentait plus proche de ce mouvement dont je pensais pourtant comprendre les raisons : le refus du discours magistral, le refus du conformisme ambiant, mais dont la traduction me paraissait très imparfaite. Je m'exprime, vous le voyez, en termes très diplomatiques... J'ai pour ma part tenu une conférence de presse au cours de laquelle, en tant que président de la Fédération de la gauche, j'assumais mes responsabilités. Mon texte a été ensuite trafiqué, travesti... Je suis habitué à ce genre de pratiques, ça me laisse indifférent, mais il faut que les historiens rectifient... Ils prendront leur temps, et feront cela après moi...

Le général de Gaulle avait annoncé qu'il n'accepterait qu'un « oui » franc et massif, et que sinon il partirait. Moi, j'étais à la tête du mouvement qui luttait contre le « oui ». Je devais donc envisager publiquement l'autre terme de l'alternative, au cas où de Gaulle n'obtiendrait pas le « oui » massif. Ce n'est pas moi qui ai dit au général de Gaulle : « Partez », c'est lui qui a dit : « Je m'en irai si... » A quoi j'ai répondu : si vous partez, voici ce que l'on fera. Ce qui est complètement différent de la version souvent publiée.

Au fond, je suis plutôt d'un tempérament légaliste. Dans mes combats politiques, je n'ai pas cherché à utiliser des moyens exorbitants, des lois en vigueur, même si je n'approuve pas ces lois.

Vous vous souvenez en outre que j'avais indiqué que si le général de Gaulle s'en allait, alors Pierre Mendès France pourrait être appelé à gouverner.

J.L. : Cette stratégie, Mendès France l'approuvait-il sans réserves ?

Je ne peux pas dire cela. Non. Mais il ne m'en a pas fait le reproche. Nous n'avons pas eu de difficultés particulières à ce moment-là. Je pense simplement qu'il a trouvé imprudent, non pas ma conférence de presse, mais le fait d'avoir avancé son nom.

J.D. : Ne pensez-vous pas, Monsieur le Président, que, pour Mendès France, l'idée que la « justice immanente » s'exerçait contre ce régime en Mai 68, par la grande casse du pouvoir, lui donnait une sorte de légitimité, à lui qui avait annoncé que ce pouvoir « né de la rue tomberait dans la rue » ?...

Je le disais aussi. Je pensais que cela se ferait plus vite... Et je n'étais pas le seul. J'ai entendu constamment dans les couloirs de l'Assemblée nationale des hommes politiques importants dire : « Il y en a pour six mois, il y en a pour un an, il y en a pour deux ans... » Moi je leur disais : « Il y en a au moins pour dix ans », ce qui me paraissait interminable...

Je comprends donc assez bien, aujourd'hui, ceux qui éprouvent la même impatience !

J.D. : Ce que je voulais dire, c'est que Mendès France pensant, contre vous, que la Ve République était vouée à la disparition, vous comprenez qu'il se soit senti l'héritier naturel de ce pouvoir dont il avait prévu l'effondrement ?

C'est possible. Oui, c'est possible.

J.D. : Il y a eu donc à ce moment-là une sorte de rivalité entre vous.

Il n'y a pas eu de rivalité...

J.D. : ... de fonction, tout de même ?

Pour succéder au général de Gaulle à la tête d'un gouvernement provisoire, je n'ai pas proposé mon nom, j'ai proposé le sien. J'avais ajouté qu'en cas d'élection présidentielle je pensais à me présenter.

J.L. : Monsieur le Président, on peut tout de même parler de différences ?

J'avais été effectivement candidat à la présidence de la République quelques années plus tôt. J'ai toujours pensé que Pierre Mendès France pouvait remplir ce rôle, le premier. Il s'y refusait... C'était son propre mouvement. C'était un caractère noble, dont les décisions relevaient souvent de conceptions que je trouvais hors du temps...

J.D. Vous voulez dire peu compatibles avec la politique ?

La politique n'est pas forcément méprisable.

J.D. : Certes non.

La politique ce sont des hommes et des faits. Les agencer n'est pas toujours très commode. Mais les hommes sont comme ils sont, hein ?

J.L. : Si l'on essaie d'aller au-delà de quelques circonstances qui ont conduit à des différences, si l'on pousse plus profondément le parallèle entre Pierre Mendès France et vous-même...

Il y avait beaucoup de différences. Nous n'avions pas du tout le même tempérament et sur beaucoup de points nous avions des idées opposées.

Par exemple, j'ai eu avec lui des débats difficiles lorsque j'ai décidé de faire le programme commun de la gauche. Il était extrêmement hostile à toute union de ce genre et à toute éventualité de gouvernement commun avec les communistes.

Moi, j'estimais que lorsqu'on se trouve en perdition, comme l'était la gauche après 1958, il fallait réunir toutes les forces, politiques et syndicales de gauche. Bien entendu, j'avais en même temps l'espoir que le socialisme l'emporterait, sans quoi d'ailleurs il eût été impossible de vaincre, parce que la France ne se serait pas donnée à une gauche dominée par le communisme. C'était tout l'enjeu.

Mais Pierre Mendès France ne croyait pas ce raisonnement solide, il ne croyait pas cette solution possible. Idéologiquement, même, il ne l'approuvait pas.

Nous avons donc été tout à fait en désaccord sur ce sujet.

J.D. : Sur quoi d'autre ?

Oh, sur un certain nombre d'autres sujets. Il n'y a aucune raison d'avoir une harmonie automatique. Nous étions deux responsables, face à des événements considérables, sur toutes les grandes choses nous nous sommes toujours retrouvés. Mais sur l'appréciation, l'analyse, la façon de faire, nous avons souvent différé.

J.D. : Différence de tempérament ?

Ce n'est pas à moi de faire ces analyses.

Pierre Mendès France avait une très grande qualité, c'était d'abord un courage intellectuel et moral sans faille. Ses analyses avaient des faiblesses, selon moi. Bien qu'il fût parlementaire depuis 1936*, il avait une certaine méconnaissance des hommes, ce qui lui a fait éprouver dans quelques circonstances des déceptions qu'il ne méritait pas.

J.L. : Quand, à peine élu président en mai 81, vous lui dites : « Sans vous, je ne serais pas là », vous vouliez signifier quoi ?

Je veux dire que le travail accompli par Pierre Mendès France pour maintenir une certaine idée de la République, idée que je partage, est immense.

Après Léon Blum que j'ai connu et beaucoup

* En fait, 1932.

apprécié, c'est Pierre Mendès France qui a assuré la relève, ou le relais idéologique, dans le sens de la gauche, la gauche républicaine, la gauche idéaliste.

Sa part de mérite est considérable. Son expérience si brève de 1954 a gardé un rayonnement et un retentissement considérables, car il s'est passé des choses importantes, depuis cette époque. Sept mois, qu'est-ce que ça permet de faire ? Ça permet de faire pas mal de choses. La preuve, c'est qu'on en parle encore.

J.D. : Vous ne pensez donc pas qu'une vie comme celle de Mendès France est un échec ?

Sûrement non. Il est très difficile de faire des classements. Mais enfin, la IVe République a duré douze ans ; c'est un régime qui a été confronté aux terribles retombées d'une guerre mondiale, dont la France était sortie particulièrement éprouvée. Robert Schuman par sa conception de l'Europe, Antoine Pinay qui a symbolisé une certaine gestion raisonnable, mais conservatrice, et Pierre Mendès France, ont été les trois pôles de la vie politique française...

J.L. : Vous vous inscrivez carrément, vous, dans le cadre de la Ve ?

Je pense en tout cas que Pierre Mendès France par sa hauteur de vue et l'ampleur de ses conceptions est le plus important. Robert Schuman, c'est considérable, mais c'est une idée, une grande idée.

N'oublions pas Edgar Faure qui avait plus de

talent, et peut-être encore plus de clarté dans l'esprit : mais il n'a pas rencontré l'événement qui aurait signifié son importance, grande à mes yeux, jusqu'à la fin.

Moi, je n'exerçais que des fonctions de seconde ligne sous la IVe République. Importantes, mais de second plan. Je ne prétends donc pas représenter cette époque. Quand la IVe République a commencé, j'avais trente ans. Quand elle est morte, on peut dire que je commençais à peine ma vie politique... Il y a tellement de gens qui l'ont déjà finie au même âge !

Jean-Marcel Jeanneney

Fils d'un président du Sénat qui incarna la République et fut le collaborateur de Georges Clemenceau puis de Charles de Gaulle, professeur d'économie politique devenu l'un des meilleurs analystes français des théories de J.M. Keynes dont s'inspira P. Mendès France en tant que stratège de l'économie française, J.-M. Jeanneney devait s'opposer en 1968 à un député de Grenoble nommé Mendès France, et lui ravir son siège. Qui mieux qu'un adversaire intelligent peut juger l'économiste et le candidat Mendès ?

JEAN LACOUTURE : Dans la carrière de Pierre Mendès France, il y a un épisode très significatif, très intéressant parce qu'il va au fond des choses et fait surgir les relations entre Mendès France et de Gaulle, c'est l'épisode du printemps 1945, le débat entre René Pleven, ministre des Finances, et Pierre Mendès France, ministre de l'Économie, sur une politique libérale ou une politique dirigiste, qui se serait exprimée par l'échange des billets. Pourriez-vous nous exposer cette affaire, nous dire en quoi elle est très caractéristique de Mendès France ?

JEAN-MARCEL JEANNENEY : L'affaire Pleven-Mendès ! Le fait qu'au terme de plusieurs mois le général de Gaulle ait arbitré en faveur de René Pleven, ministre des Finances alors que Mendès France était ministre de l'Économie nationale, a été une des grandes orientations du gouvernement provisoire. J'ai assisté à ce débat étant, à ce moment-là, directeur de cabinet de mon père, ministre d'État dans ce gouvernement. Deux conceptions de la politique économique se sont alors affrontées.

Je pense que Mendès France avait théoriquement raison. Il était parfaitement vrai que la masse énorme de billets, qui avait été déversée sur la France pendant l'Occupation, du fait même de l'indemnité de guerre payée chaque jour aux Allemands, était très supérieure à la valeur des marchandises disponibles, et que, par conséquent, il y aurait eu intérêt à la ponctionner, à la réduire, pour éviter qu'elle provoque des hausses désordonnées de prix. Cela ne pouvait être fait qu'en échangeant les billets en circulation contre d'autres et en bloquant une partie des billets apportés à l'échange. Ce procédé avait été largement pratiqué après la Première Guerre mondiale dans les pays d'Europe centrale et orientale, et il venait d'être appliqué, quelques semaines auparavant, en Belgique.

Pierre Mendès France avait voulu faire cela en France. Il voulait aussi – et c'était complémentaire – que l'on mène une politique économique rigoureuse, qui privilégie les investissements, limite les hausses de salaires, et mette en œuvre une planification de l'économie. Théoriquement, c'était tout à fait souhaitable.

Le général de Gaulle a finalement choisi René Pleven comme ministre de l'Économie en même temps que des Finances, partisan de mesures moins rigoureuses, plus libérales, laissant aller un peu les choses. Il s'est en effet rendu compte que le plan Mendès était impraticable. D'abord pour des raisons tout à fait matérielles. Pour échanger des billets, il faut en avoir de nouveaux, et on n'en avait pas fait imprimer d'avance en Angleterre comme il aurait fallu.

Mais les Belges l'avaient bien fait, eux.

Oui, mais eux avaient fait imprimer des billets deux ans auparavant, en Angleterre précisément. Pourquoi ne l'a-t-on pas fait ? Peut-être les Américains n'étaient-ils pas à l'époque favorables à la mise en circulation de billets français. Il faut se souvenir que les États-Unis avaient prévu la mise en circulation, en France, de billets d'occupation américains. Quoi qu'il en soit, on n'avait pas de billets.

Mendès disait : « On peut estampiller les billets anciens ; c'est ce que l'on a fait en Tunisie, c'est ce que l'on a fait en Corse. » Mais la Tunisie et la Corse étaient de petits territoires. En France, l'opération aurait dû être d'une tout autre envergure. L'estampillage aurait ouvert la voie à des fraudes massives.

D'autre part, pour échanger des billets, il aurait fallu pouvoir en répartir des stocks dans toutes les perceptions, dans toutes les agences de banques, à travers toute la France, car un échange de billets doit être fait partout en même temps et très rapidement. Or, il n'y avait pas de camions disponibles. Et même si on avait eu des camions, on n'aurait pas eu d'essence. Et si l'on avait eu des camions et de l'essence, on aurait eu de plus grandes difficultés à les faire atteindre toutes les succursales de banques et de perceptions françaises, parce que beaucoup de ponts étaient coupés.

Quant au deuxième volet des conceptions de Pierre Mendès France, à savoir une administration stricte de l'économie, cela aurait impliqué deux choses. D'abord, disposer d'une administration capable de la mettre en œuvre, ce qui n'était pas le cas en 1944-1945, en raison des désordres résultant de l'effondrement du régime de Vichy, et de l'épuration de l'administration qui avait été nécessaire. Ensuite, pour appliquer une politique de ce type, il faut un suffisant consensus national, il faut que la plupart des partis dominants l'acceptent. Ce n'était pas le cas ; les communistes, théoriquement planificateurs, mais plus encore revendicateurs pour la classe ouvrière, n'auraient pas accepté le quasi-blocage des salaires que Mendès souhaitait, à juste titre.

> Vous n'avez pas mentionné un autre aspect de la question : l'aspect moral. Le retrait des billets, c'était châtier les profiteurs de guerre.

Bien sûr, c'était là le second objectif de l'échange de billets : connaître qui avait, pendant la guerre, fait des profits scandaleux et, faute de ne pouvoir rien acheter, avait mis des billets dans les lessiveuses, comme l'on disait, et ainsi pouvoir ponctionner ces profits illicites à l'occasion de l'échange des billets. C'est d'ailleurs pourquoi il aurait fallu le faire très vite, quelques semaines après la libération du territoire. Sinon, les détenteurs de ces billets se seraient empressés de les éparpiller entre des prête-noms ou d'acheter des biens réels.

> Tout cela aurait été quand même une politique très gaulliste, de châtier les collaborateurs, du moins aussi gaulliste que mendésiste.

Oui, bien sûr. C'est pourquoi de Gaulle était très séduit par cette politique. Mais il s'est finalement rendu compte qu'on ne pouvait l'appliquer.

> Abordons un autre aspect de la carrière de Mendès France ; on ne parle plus d'un conflit Mendès-Pleven, mais d'un conflit Mendès-Jeanneney. Cela est relatif à l'histoire de l'élection du printemps 1968. Vous vous rapprochiez, par beaucoup de points, de la conception de la politique et de l'économie de Pierre Mendès France, et vous avez été compétiteur de Mendès France à Grenoble, au printemps 1968.

Oui. Pourquoi ai-je été me présenter à Grenoble contre Mendès France en juin 68 ? Ce n'est pas le moins du monde par opposition à l'homme. Au moment des élections de 1967, alors que j'étais ministre des Affaires sociales, Georges Pompidou, Premier ministre, m'avait convoqué dès qu'il avait su que Mendès France avait l'intention de se présenter à Grenoble, pour me dire : « D'après mes renseignements, vous êtes la seule personne qui ait une chance d'empêcher Mendès France d'être élu à Grenoble. »

J'avais, en effet, été pendant quinze ans professeur à Grenoble; j'avais été doyen là-bas, et j'y avais beaucoup d'amitiés, notamment parmi les jeunes qui avaient été mes étudiants.

A l'époque, je lui ai dit : « Non, je ne veux pas y aller parce que j'estime Mendès France, parce que je pense que beaucoup des thèses qu'il soutient sont valables, et aussi parce que je crois utile qu'un homme de cette qualité, de ce courage, de cette intelligence soit présent à l'Assemblée nationale. »

Ce refus risquait de compromettre ma carrière ministérielle. Pompidou n'aimait pas qu'un ministre lui refuse ce qu'il demandait. Je m'en suis d'ailleurs ouvert au général de Gaulle, qui m'a dit : « Ne vous inquiétez pas, vous n'aurez pas à le regretter. » Il m'a paru même en être satisfait, ce qui montre l'estime qu'il avait pour Mendès. Plus que de l'estime ! Entre ces deux hommes, il y avait une espèce d'affection.

Donc en 1967 j'avais refusé de me présenter contre Mendès pour les raisons que je viens de dire.

En juin 1968, je n'étais plus membre du gouvernement depuis quelques jours, Georges Pompidou ayant estimé qu'il ne devait pas conserver le ministre des Affaires sociales de mai 1968. C'est moi qui suis allé trouver Pompidou pour lui dire : « Cette fois, je suis prêt à aller me présenter à la députation à Grenoble, contre Mendès », le tenant du titre.

A vrai dire, je n'espérais guère être élu. J'ai été candidat parce qu'il me semblait que, dans ces circonstances dramatiques, il était important qu'un membre du gouvernement d'hier aille, face au représentant le plus éminent de l'opposition, défendre l'œuvre gouvernementale et le régime du général de Gaulle. Je dis bien « le régime », car Pierre Mendès France avait toujours été opposé à la Vᵉ République. Il l'avait été dès 1958. Il avait toujours dit et considéré que ce régime, insuffisamment parlementaire, conduisait à un pouvoir personnel, à une espèce de monarchie, pour ne pas dire à une dictature, et qu'il finirait dans le sang.

Contrairement à ce que Mendès France avait craint en 1958, le général n'avait pas été le fourrier des généraux d'Alger. Il n'avait pas établi en France un régime dictatorial. Bien au contraire, il avait fait rédiger et fait adopter par le peuple français à soixante-dix-neuf pour cent des voix, un régime qui n'était certes pas tel que Pierre Mendès France l'aurait voulu, n'étant pas exclusivement parlementaire, mais un régime démocratique qui a assuré à la France une suffisante stabilité gouvernementale, et a permis plus tard une alternance des forces politiques au pouvoir.

Mendès France était donc contre. Les événements de 68 lui sont apparus comme pouvant être la justification de ses prévisions. Si le mot n'était pas trop fort, je serais tenté de dire que ce fut pour lui une divine surprise de voir qu'après plus de dix ans ce qu'il avait toujours prévu et craint — que le régime s'effondre dans une insurrection populaire — allait, lui semblait-il, survenir.

En fait, le régime ne s'est pas effondré. Contrairement à ce que certains ont pensé à l'époque, le gouvernement est resté ferme, continuant à commander.

> Monsieur le Ministre, pardonnez-moi de vous dire qu'on a vu un gouvernement, à ce moment-là, qui n'était pas très ferme, qui était plutôt flageolant. Vous étiez un des rares à continuer à aller à votre ministère...

Non. Il y en avait bien d'autres. Tous les matins, se tenait, à Matignon, une « réunion d'ordre public », présidée par le Premier ministre, où les cinq ou six ministres concernés directement étaient toujours présents — j'en étais —, et faisaient face à la situation. Cela ne s'est pas terminé dans le sang. Il n'y eut aucun mort, grâce à la pondération de Georges Pompidou, et grâce au préfet de police Grimaud.

Au cours de cette période, l'activité et les déclarations de Mendès France m'avaient choqué. Non pas qu'il ait annoncé, avec Mitterrand, qu'il était prêt à former un gouvernement provisoire, c'était tout à fait normal, si, comme il avait quelques raisons de le croire, le gouvernement s'effondrait. Si de Gaulle disparaissait, il fallait bien qu'un gouvernement s'installe, et pourquoi pas Mendès France ? Il eût été mieux que d'autres selon moi. Mais, il avait un peu poussé à la roue ! tout au moins, c'était l'impression qu'on avait eue. Je pense à sa présence au stade Charléty pour soutenir les étudiants. En outre, il avait prononcé une phrase dans une émission de radio qui m'avait indigné. Il avait dit être prêt à constituer un « gouvernement provisoire qui prendrait des mesures irréversibles ». C'est peut-être un mot qui lui avait échappé, mais enfin, un gouvernement provisoire présidé par un démocrate ne prend pas des mesures « irréversibles ». Il rend la parole au peuple. C'est en partie là-dessus que s'est faite la campagne de Grenoble.

> Assumez-vous tous les aspects de cette campagne ? Il a été dit que des tracts désagréables avaient été répandus. Je vous connais assez pour savoir que vous ne pouviez pas en être responsable, mais il semble qu'il y ait eu quelques bavures...

Des tracts, non. Il y a eu une caricature déplaisante, en bas d'un petit journal électoral. Elle avait un relent antisémite. Vraiment personne ne pouvait me soupçonner d'antisémitisme, étant donné les positions que j'avais prises pendant la guerre, à Grenoble, notamment à la faculté de droit. Je ne pense pas que cela ait eu aucune influence sur le scrutin. Je ne pouvais pas vérifier tout ce qui était fait par ceux qui me soutenaient. Pour ma part, j'ai tenu à ce que cette campagne garde toujours une grande rigueur et sérénité dans la mesure où cela dépendait de moi. Je crois que Mendès, d'ailleurs, l'a reconnu.

Le débat s'est fait non pas sur la politique économique, car à bien des égards nous étions à peu près d'accord ; il a eu lieu, essentiellement, sur la conception de la Constitution, la conception de l'État, et la défense de la politique du général de Gaulle.

Je ne pensais pas être élu, d'autant moins qu'un soi-disant gaulliste dissident avait maintenu sa candidature, ce qui m'a empêché d'être élu au premier tour. Entre les deux tours, une partie de la bourgeoisie grenobloise qui avait voté pour moi au premier tour, par crainte de la révolution, s'est sentie rassurée par les résultats du premier tour dans l'ensemble de la France et a transféré ses voix sur Mendès.

Il est vrai que, d'un autre côté, des communistes se sont abstenus au second tour, peut-être même quelque-uns ont-ils voté pour moi ! Ce sont là les mystères de la démocratie.

Bref, sur environ quatre-vingt mille votants, j'ai été élu avec cent trente voix de majorité ! Mendès France a eu l'élégance de ne pas contester l'élection, car, quand il n'y a que cent trente voix de majorité, on peut toujours trouver des motifs mineurs de contestation. Et j'en aurais eu de mon côté !

> Nous allons passer au troisième volet de notre entretien qui est ce que l'on pourrait appeler le principe même de l'économie mendésienne. Mendès était essentiellement un économiste, il s'est occupé de beaucoup d'autres choses, mais en quoi peut-on résumer son économie « ... politique » ? Est-ce du socialisme ? Est-ce du dirigisme, du planisme ? Pourriez-vous nous donner votre idée de l'économie de Mendès ?

Expliquer les conceptions économiques de Mendès France, c'est un peu compliqué parce qu'il a toujours essayé de concilier l'inconciliable.

Du point de vue théorique, il était un disciple de

John Maynard Keynes. Le grand économiste anglais avait publié en 1930 un *Traité de la monnaie,* qui avait fait sensation. Il avait repris les mêmes idées, avec un appareil théorique différent et beaucoup moins clair, dans sa *Théorie générale de l'emploi, de l'intérêt et de la monnaie* en 1936. Mendès France était un des rares hommes politiques d'alors qui connaissaient les théories keynésiennes. Bien que juriste de formation, puisqu'il était avocat, Mendès France s'était toujours intéressé aux problèmes économiques ; sa thèse de droit était consacrée à la politique financière de Raymond Poincaré, en 1926-1930. Il avait adopté très largement les théories keynésiennes, et leur est toujours resté fidèle. Théories selon lesquelles, pour assurer la croissance d'une économie, il faut avant tout maintenir la demande, en distribuant du pouvoir d'achat quand cela est souhaitable, ou en favorisant les investissements quand cela est préférable, au moyen soit de déficits budgétaires, soit d'une politique monétaire qui fasse systématiquement baisser les taux d'intérêt. Keynes, contrairement à certains de ses disciples, était parfaitement conscient des excès que, ce faisant, on risquait de commettre. Telle était la théorie économique chère à Mendès France.

Il avait d'autre part été séduit et impressionné par la politique économique menée par Roosevelt aux États-Unis, de 1933 à la guerre, qui avait, par des procédés non classiques, sorti les États-Unis d'une terrible crise.

Pierre Mendès France a manifesté ses conceptions économiques à plusieurs reprises. D'abord, et de façon très remarquable, lorsqu'il a été, pour la première fois, membre d'un gouvernement. Léon Blum, dans le gouvernement éphémère qu'il a formé en 1938, l'a pris comme sous-secrétaire d'État à l'Économie et aux Finances. D'après ce que l'on sait, il eut alors un rôle prépondérant. Il semble bien qu'il ait rédigé l'exposé des motifs du projet de loi de pleins pouvoirs que Léon Blum a réussi à faire voter, difficilement d'ailleurs, à la Chambre des députés et qui fut rejeté par le Sénat, ce qui a conduit à la démission du gouvernement.

Dans cet exposé des motifs, s'inspirant des théories keynésiennes et de l'expérience Roosevelt, il préconisait un grand développement des dépenses publiques, principalement pour réarmer – ce qui était en effet nécessaire à un moment où Hitler était déjà très menaçant. Mais, il indiquait que ce développement des dépenses militaires aurait des effets bénéfiques sur le niveau de vie même des Français, parce qu'il redonnerait de l'emploi, stimulerait l'investissement et la production dans tous les secteurs, et que, par conséquent, on pourrait atteindre à la fois deux objectifs : le réarmement et l'augmentation du niveau de vie des Français, grâce à un relatif plein emploi.

Cet optimisme était séduisant, mais irréaliste. La France n'était pas les États-Unis. La France était un pays relativement petit. Elle était beaucoup plus ouverte sur l'extérieur que les États-Unis. Le commerce extérieur tenait déjà une assez grande place dans son économie. Ce à quoi Mendès France répondait : « On établira au besoin le contrôle des changes. » Mais établir le contrôle des changes implique des techniques que l'administration française d'alors ne possédait pas, et, pour qu'il soit efficace, il faut des mesures de coercition très sévères. Le contrôle des changes n'a jamais été vraiment efficace qu'en Allemagne hitlérienne, où il y avait une police terrible, et où les fraudeurs étaient condamnés à mort et exécutés. Tel que l'on connaît Mendès France, démocrate, républicain, ce n'est pas ce qu'il voulait établir en France. C'était irréaliste. Un peu comme étaient irréalistes ses projets en 44-45, dont j'ai parlé.

C'était un homme d'une grande intelligence, qui analysait admirablement les mécanismes économiques ; mais il y avait chez lui une tendance à prendre ses désirs pour des réalités ; souhaitant atteindre un objectif hautement estimable, il était porté à oublier des obstacles incontournables.

Pourriez-vous revenir au moment de votre élection : qu'avez-vous éprouvé ?

Quand j'ai appris mon élection, j'en ai été évidemment satisfait. Quand on se présente à une élection, on souhaite toujours être élu. J'en étais heureux aussi parce que cette victoire électorale, quoique obtenue à quelques centaines de voix près, marquait que, même dans une circonscription récalcitrante comme l'a toujours été Grenoble, une majorité d'électeurs soutenaient de Gaulle, en la personne d'un de ses ministres. Bien sûr, je regrettais que Mendès ne soit plus à l'Assemblée nationale pour y soutenir des points de vue que souvent je partageais. Mais je pensais que c'est lui qui m'avait mis en situation d'avoir à le combattre.

> Vous avez parlé tout à l'heure des sentiments qui liaient le général de Gaulle et Pierre Mendès France. Ce qui a été pénible pour vous et qui vous a étonné, c'est l'article que Pierre Mendès France a écrit, dans *Le Monde,* au lendemain même de la mort du général de Gaulle.

Mendès France a écrit un article dans *Le Monde,* au lendemain de la mort du général de Gaulle, je dis bien « au lendemain », c'est-à-dire qu'il n'a même pas attendu pour le publier que le général soit dans sa tombe, et, à mes yeux, ce texte était inexcusable. Cela m'est apparu comme une justification du fait que je me sois présenté contre lui pour défendre le général de Gaulle. Dans cet article, après avoir naturellement rendu hommage à son œuvre à Londres et au moment même de la Libération, il critiquait de bout en bout toute l'œuvre du général de Gaulle à partir de 1945.

Il a tout critiqué : la politique étrangère, la politique intérieure, la politique constitutionnelle, tout. Certes, tout n'était pas parfait dans ce qu'a fait le général de Gaulle, mais il était injuste de contester qu'il avait rendu à la France une place éminente dans le concert international, que, sous sa présidence, le produit intérieur brut marchand avait augmenté de six pour cent l'an pendant dix ans, qu'il avait, dans la mesure où son électorat le lui permettait, entrepris des réformes qui allaient dans le sens de ce que voulait Mendès. Même le référendum d'avril 69, que la gauche tout entière, avec

Mendès, a combattu, reprenait d'extrêmement près les propositions que Mendès France avait faites dans un livre datant de deux ans à peine : *Pour une République moderne*. Cette injuste hostilité n'était-elle pas du dépit amoureux ?

Marie-Claire Mendès France

Fille de la première femme sénateur en France (Suzanne Crémieux) et de Robert Servan-Schreiber, oncle de Jean-Jacques, amie de longue date des Mendès France, Marie-Claire devait épouser Pierre en secondes noces (pour l'un comme pour l'autre) en 1970, s'associant très ardemment aux dernières phases de sa vie publique, notamment à propos de la paix au Proche-Orient, et veillant fidèlement au respect de son souvenir.

JEAN LACOUTURE : Pierre Mendès France a voué sa vie au service public. Cette passion de la chose publique dévorait-elle tout en lui ? Y avait-il aussi d'autres centres d'intérêt dans son existence ?

MARIE-CLAIRE MENDÈS FRANCE : La passion de la justice et de la vérité occupait sa vie. Mais c'était un homme comme tout le monde. Quand il avait un peu de temps, ce qui était extrêmement rare, il aimait quelquefois se distraire. Il aimait voir un bon film, notamment ceux des Marx Brothers... Il aimait rire, et il avait beaucoup d'humour. On pense toujours à Mendès la rigueur, Mendès l'austérité : oui, l'homme était austère et consacrait son temps aux « affaires ». Ce n'est qu'à la fin de sa vie que nous avons pu profiter d'un peu de temps libre.

Musique, peinture, voyage, sport ?

Il aimait beaucoup voyager parce qu'il apprenait toujours beaucoup de choses. En Asie, en Afrique, en Amérique du Sud... Il aimait bien la peinture, mais il n'avait jamais eu le temps pendant près de cinquante ans de vie publique de s'intéresser particulièrement à l'art, peinture ou musique. A vrai dire il était toujours en train de travailler.

Le sport ?

Il avait beaucoup aimé le ski, mais n'en faisait plus les dernières années de sa vie. Jusqu'en 1981, il nageait régulièrement dans la piscine à Monfrin.

Tout à l'heure, pour le définir, vous avez usé d'un mot par lequel je le résumerais volontiers, celui de « justice ».

Justice, oui, et vérité. C'était aussi un patriote, profondément patriote. Son père avait servi comme officier, sous les ordres du colonel Dreyfus. Son premier acte de patriotisme à lui, Pierre Mendès France, je peux le situer à l'âge de cinq ans, lorsqu'il se trouve chez sa grand-mère, à Strasbourg, en 1912. Pendant un défilé des troupes allemandes, il a crié, du balcon où il était : « Vive la France »... Moyennant quoi son grand-père l'a immédiatement fait rentrer... de peur de représailles.

Pour en venir à des choses plus sérieuses, à partir de 1939 il n'a eu de cesse de vouloir combattre. Mobilisé en Syrie, il a fait des démarches pour aller se battre à Narvik.

Revenu en permission au début de juin 1940 à Louviers dont il était le maire, il a reçu un éclat d'obus dans l'épaule. Il a mis le cap sur Bordeaux, son unité d'aviation étant affectée à Mérignac, avant d'être repliée sur l'Afrique du Nord, au Maroc. C'est à cet effet qu'il est parti sur le *Massilia* où je me trouvais aussi avec mes parents, et où il y avait une partie de l'ancien gouvernement — ceux qui voulaient continuer la lutte. Ainsi ai-je assisté à la fin de la IIIe République.

Sur le *Massilia,* il y avait Daladier, César Campinchi, Georges Mandel, Jean Zay, tous persuadés que la lutte allait se poursuivre en Afrique du Nord. Mais nous n'avions pas, si je puis dire, la même raison sociale à bord : Mendès France regagnait son unité pour se battre. Les autres partaient là-bas avec l'objectif politique de continuer la lutte.

Dès son arrivée à Casablanca, Mandel a été arrêté parce qu'il avait voulu rencontrer les émissaires anglais Duff Cooper et lord Gort pour voir s'il était possible de continuer ensemble la lutte. Mendès France, lui, a été arrêté au bout d'un mois, sur l'ordre du maréchal Pétain. C'est pour désertion — alors que tous ses supérieurs certifiaient qu'il cherchait à rejoindre son unité — qu'on l'a conduit, encadré par deux gendarmes, à Clermont-Ferrand où il fut emprisonné et où lui fut intenté un procès inique.

Ses juges, ignoblement antisémites, ont instruit le procès du parlementaire juif de gauche. C'est lui que l'on voulait atteindre. Et il a été condamné à six ans de prison.

C'est probablement l'épreuve qui l'a le plus marqué. Il m'en parlait encore à la fin de sa vie comme de la chose la plus monstrueuse qui lui fût arrivée. Mais il voulait tellement croire en la justice de son pays que c'est seulement après le rejet de son pourvoi en cassation qu'il a décidé de s'évader. Puisque donc la France rendait un verdict injuste, il avait le droit de reprendre sa liberté. D'où la lettre qu'il écrit au maréchal et laisse sur son grabat avant de s'évader dans la nuit du 21 juin 1941.

> Vous venez de décrire le patriote, dont l'attachement à la patrie a résisté à l'injustice qui lui était infligée. Ainsi la cause de la justice est-elle liée chez lui à celle de la patrie, fût-ce de façon très ambiguë. A propos du procès de Clermont-Ferrand, vous avez abordé la question de l'antisémitisme. A-t-il été hanté par l'antisémitisme ? Au point de prendre ou de suspendre telle ou telle décision politique ? Faut-il parler d'un handicap dans sa vie publique ?

Certainement. Mais cela ne l'a jamais hanté. On peut même dire qu'il n'en a jamais tenu compte. Il était juif. Il s'assumait en tant que juif. Mais ce n'est pas parce qu'il était juif qu'il faisait ou ne faisait pas telle ou telle chose. Il a souffert de l'antisémitisme avec... je vais dire sérénité. Pierre Mendès France a toujours fait passer l'intérêt général avant l'intérêt particulier.

Pourriez-vous évoquer à ce sujet l'atmosphère de pression psychologique qui s'est exercée sur lui ?

Au moment de la guerre d'Algérie, c'était le vide autour de lui. 1956-1962, c'était le vide, sauf quelques rares fidèles comme Richard Dartigues et Georges Bourdet, sans oublier son meilleur ami, Georges Boris, qui décéda en 1959.

Nous sortions de nuit, car il ne pouvait le faire de jour : on le traitait de traître. Nous allions nous promener aux Tuileries, à la nuit tombée. Quand je sortais avec lui, je me sentais son garde du corps : j'ai eu fréquemment peur qu'on l'agresse. Il m'est même arrivé de frapper, de donner un coup de poing du revers de la main, dans un restaurant, à un homme qui disait à un commensal : « *Es ist der Jude Mendes* », c'est le juif Mendès. Il n'a pas pu finir sa phrase, il avait déjà reçu un coup de poing dans la figure et ses lunettes avaient volé en éclats. On le maltraitait dans la rue. On l'injuriait, oui.

Ce que vous confirmez, c'est que dans l'ensemble de ses choix politiques, de sa vie publique, aussi bien dans les questions du Moyen-Orient qu'ailleurs, la dimension juive n'a pas compté pour lui ? C'était un citoyen français, tout simplement ?

Français, et juif. Il disait : « Si je l'oubliais un instant, on me le rappellerait très vite. » Il n'oubliait donc jamais qu'il était juif. Il n'était pas sioniste. Mais — et je ressens les choses exactement comme lui — nous sommes des juifs laïcs, auxquels il importe qu'Israël vive en sécurité. Pour lui, c'était important. Pour qu'Israël vive en sécurité, il lui faut faire la paix avec les Palestiniens, y compris l'OLP, et il l'a dit depuis le début. Déjà, au lendemain de la guerre des Six Jours en 1967, il envoie un émissaire au général Dayan pour lui dire : « Rendez-vous au Caire, vous qui êtes le vainqueur, et allez proposer la paix tout de suite aux Égyptiens. »

On sait ce qui est arrivé. Le geste a été fait en sens contraire par Anouar el-Sadate. Et Israël a fait la paix avec l'Égypte.

En 1976, certains amis israéliens sont venus le chercher pour ouvrir des négociations, ou plutôt des conversations avec les Palestiniens, mais qui voulaient l'avoir comme témoin, et éventuellement comme conseil. C'étaient des hommes de gauche comme « Liova » Eliav, ou le général Matti Peled. Ils sont venus accompagnés du docteur Issam Sartaoui qui était une sorte d'ambassadeur itinérant d'Arafat.

Mendès France a accepté de participer à ces conversations, disant la même chose aux uns et aux autres, car il n'y avait jamais de double langage avec Mendès France, ce qui était dit à l'un pouvait et devait être dit à l'autre. C'était comme ça.

Vous avez employé le mot « participer ». En fait, il était l'arbitre et le président de ces contacts israélo-palestiniens ?

Oui, au début. Il a probablement été l'un des premiers à faire rencontrer, sous ses auspices, des Israéliens et des Palestiniens membres de l'OLP : parce que, pour Mendès France, on fait la paix avec celui contre qui l'on se bat.

Jusqu'où sont allées ces conversations, tant en ce qui concerne les personnes que les résultats ? Y a-t-il comme un capital de paix qui gît quelque part, un trésor de paix enfoui ?

En tout cas, ils ont appris à se connaître. En juillet 1982, Pierre Mendès France, Nahum Goldmann et Philip Klutznick lancèrent un appel à la double reconnaissance et à l'autodétermination du peuple palestinien. Après la mort de Nahum Goldmann et de Pierre Mendès France, le 18 octobre 1982, j'ai vu peu de jours après Issam Sartaoui arriver chez moi, venir me dire : « Nous sommes un peu désarçonnés. Vous avez assisté à toutes nos conversations. Voulez-vous continuer à nous recevoir ? » J'ai répondu : « Je ne suis pas Mendès France » – « Mais vous savez tout ce que nous nous sommes dit. Alors pouvons-nous revenir ? » J'ai répondu : « Ma porte est ouverte. »

Et c'est ainsi que j'ai continué à faire se rencontrer les Palestiniens et mes amis israéliens – il y a peu de temps encore – chez moi.

Pourriez-vous dire un mot du personnage central de ces conversations, Issam Sartaoui, qui a donné sa vie pour cela ?

Il s'est trouvé qu'Issam Sartaoui est venu me demander un jour : « Croyez-vous que je pourrais être reçu par le président Mitterrand ? » — « A l'Élysée, ai-je répondu, ça m'étonnerait. Mais je poserai la question au président. » François Mitterrand m'a répondu : « Rien ne m'empêche de prendre une tasse de thé avec lui chez vous. » J'ai trouvé cette réponse formidable.

Je savais qu'Issam Sartaoui était très menacé. La dernière fois qu'il est venu ici me voir, accompagné d'une voiture de gardes du corps et de la police française, il m'avait dit : « Je suis condamné à mort par Abou Nidal. » Il a ajouté qu'il voulait venir me voir pour avoir la réponse à la question qu'il m'avait posée. Je partais avec mon petit-fils pour Megève et lui partait avec ses enfants et sa femme à Chamonix. Nous n'étions pas très loin l'un de l'autre et il m'a proposé une prochaine visite : « Ne venez pas, c'est trop dangereux pour vous, lui ai-je dit. Nous allons convenir d'un code, en anglais. »

Il m'a téléphoné à l'heure dite. J'avais, entre-temps, vu François Mitterrand, et je lui ai dit : « Yes. » Nous sommes convenus que nous nous rencontrerions après le sommet d'Alger, qui eut lieu peu de temps après.

Puis il s'est rendu à Lisbonne, et c'est là qu'il a été assassiné le 10 avril 1983.

C'est une très grande perte pour la cause de la

paix. Cet homme était d'une très grande intelligence. Il avait fait ses études de chirurgie en Amérique. Il avait une grande connaissance de l'Occident et pouvait rendre de grands services à son peuple. Il n'a pas été remplacé. Il y a d'autres leaders palestiniens, mais pas de cette envergure. Peut-être y en aura-t-il par la suite.

A ce cycle de conversations, Yasser Arafat a-t-il été mêlé à un moment quelconque, personnellement, physiquement ou simplement de façon politique, indirecte ?

Indirectement à travers Issam Sartaoui, jamais directement. Arafat a toujours demandé à voir Mendès France, clandestinement ou non, à Vienne, à Genève, à Rome, n'importe où. Mendès France lui a toujours fait dire : « Quand vous aurez reconnu Israël je vous rencontrerai, pas avant. » Et comme il n'avait pas reconnu Israël avant la mort de Mendès France, ils ne se sont jamais rencontrés. C'est la raison pour laquelle, lorsque Arafat, en 1988, à Stockholm puis à Genève, a reconnu Israël, je suis allée à Tunis, et j'ai demandé à le voir.

Il m'a dit alors son regret de n'avoir jamais rencontré Mendès France. Je lui ai rappelé la raison. En tout cas, il m'a accueillie très chaleureusement et nous avons eu une longue conversation. Je lui ai rappelé que pendant quarante ans il avait ignoré Israël. A quoi il m'a répondu : « Vous avez vu ce que j'ai fait. Et rien n'a été fait de l'autre côté ! » Et c'est vrai qu'il n'est pas venu un geste du côté de Shamir...

Je crois avoir fait avancer les choses dans le bon sens quand j'ai aidé des Israéliens à rencontrer des Palestiniens membres de l'OLP, ce qui est interdit par la loi israélienne, stupide et inique, qui fait que si vous, Israélien responsable, rencontrez un Palestinien de l'OLP, vous êtes mis en prison, tel Abie Nathan, que j'ai d'ailleurs été voir en prison : il a été incarcéré à deux reprises, longuement...

Ces démarches ont suscité en Israël des réactions défavorables à Pierre Mendès France. En a-t-il été atteint ?

Lui ? Non. Moi, oui, quand j'ai vu Arafat, et que je suis sortie de chez lui avec un message de paix. Il m'avait donné son accord pour un État palestinien démilitarisé vivant côte à côte en paix et en sécurité. Je lui ai dit que j'allais porter ce message à Rabin que je voyais quelques jours plus tard à Paris. Et après avoir vu celui qui n'était alors que le ministre de la Défense, je suis sortie les larmes aux yeux, parce que Rabin à qui j'avais transmis ce message ne m'a pas dit un mot. Il est resté de glace. J'étais complètement accablée. Je me suis dit : « Mais c'est épouvantable... »

Une campagne de presse a été déclenchée en Israël à la suite de ce message que j'avais transmis à Rabin, sur ce thème : j'avais, paraît-il, voulu déstabiliser le ministre de la Défense ! Une campagne de presse à la hauteur de *Minute*, vous voyez le genre...

J'ose à peine vous poser cette question, mais je le dois : quand vous agissez ainsi, avez-vous conscience de le faire vraiment au nom de Pierre Mendès France ?

J'agis en mon nom, dans l'esprit de Pierre Mendès France. Je le porte en moi, et je sais qu'il aurait fait de même, parce que, dans les dernières années de sa vie, la paix au Proche-Orient a été la principale de ses préoccupations. Et si l'on peut apporter un grain de sable sur le tas, il faut le faire...

Michel Mendès France

Second fils de Lily et de Pierre Mendès France (son frère Bernard est mort l'an dernier), Michel est professeur de mathématiques à l'université de Bordeaux. Fervent « soixante-huitard », il se définit en riant « anarcho-mendésiste » — une formule qui ouvre de larges perspectives à la réflexion...

JEAN LACOUTURE : Vous n'avez connu votre père qu'assez tard, pour cause de guerre, de procès, de prison ? En fait, après la guerre.

MICHEL MENDÈS FRANCE : Non. Je l'ai connu bien avant. Je suis né en 1936. J'ai donc vécu trois ans avec mon père avant la guerre. Quand il a cherché à rejoindre son unité au Maroc, en 1940, nous sommes tous partis ensemble sur le *Massilia*, et il est vrai que peu de temps après il a été arrêté par les autorités de Vichy et a passé, si je ne me trompe, un ou deux mois en prison au Maroc. Pendant cette période, ma mère, mon frère et moi, allions lui rendre visite dans la petite cellule où il était enfermé. Je me souviens que, lorsque nous passions devant cette prison, mon frère et moi disions : « Tiens, voilà la maison de papa... »

Ensuite, le gouvernement vichyssois l'a transféré à Clermont-Ferrand où il a été jugé et condamné ; mais, effectivement, c'est à partir de là que nous ne l'avons plus vu pendant deux ou trois ans. Nous étions aux États-Unis. Quand il est venu nous voir, en 1944, je dois dire que ça a été une surprise de voir cet homme arriver chez nous. Mon frère et moi nous avions un peu oublié à quoi il ressemblait. On a demandé à maman, à New York : « Mais qui c'est ce monsieur-là ? »

> Quel effet cela fait-il d'avoir un père célèbre ? Quelqu'un qui fait l'histoire ? N'est-ce pas un peu troublant ?

A l'époque, je ne me rendais pas encore compte qu'il était célèbre bien qu'au lycée français de New York les gens commençaient un tout petit peu à parler de ce qui se passait en France.

Nous savions qu'il menait un combat, qu'il était aviateur. Nous savions qu'il s'était échappé de prison, ce qui, entre parenthèses, nous flattait beaucoup, mais lui posait à lui un problème.

La première fois que nous l'avons revu, je me souviens qu'il nous a demandé : « Ça ne vous choque pas que j'aie été en prison ? » Ne le confondions-nous pas avec un voleur, un criminel ? La réponse était simple : c'étaient « les méchants » qui l'avaient emprisonné, lui était donc le bon. Ça l'a tout de suite rassuré...

Pour des adolescents, avoir un père aviateur, et évadé de prison, c'étaient deux choses très excitantes, non ?

C'était tout à fait excitant. Mais peut-être un peu méchamment (on essaie toujours de critiquer son père), je me disais qu'il manquait d'imagination : s'échapper de prison en sciant les barreaux et en attachant les draps ensemble semblait une chose tellement évidente, et tellement banalisée par tous les romans que nous lisions, toutes les BD de l'époque... Je m'étonnais que quelque chose d'aussi éculé réussisse encore. Cependant je me demande si ça ne traduit pas quelque chose de très profond chez papa. C'est, je crois, quelqu'un qui a toujours eu des idées simples, qui a donné des solutions simples à des problèmes compliqués. Quand plus tard je le voyais œuvrer en politique, la simplicité de ses idées m'étonnait ; je me disais : oui, c'est bien ça qu'il faut faire. L'intelligence n'est-ce pas la recherche de solutions simples qui bien souvent sont très difficiles à imaginer ?

Était-il un père directif ? En politique, c'était un homme autoritaire. Démocrate et autoritaire. L'était-il en tant que père ?

Je ne dirais pas cela. Il nous a toujours laissés, mon frère et moi-même, nous intéresser à ce que nous voulions. Il n'a jamais influencé nos études ni même nos options politiques. Mon frère Bernard était beaucoup plus politisé que moi au sens classique du mot. Au début des années cinquante, il avait une certaine tendresse pour de Gaulle. A la fin des années soixante, il était très intéressé par le Parti communiste, et jusqu'à la fin de sa vie (il est mort l'an dernier), il était très proche des communistes.

Mais, à aucun moment, ça n'a gêné mon père qui trouvait, au fond, non seulement naturel, mais probablement assez sain que nous ayons des opinions différentes des siennes.

Quant à moi, je me sentais beaucoup plus proche des gauchistes. Pour me définir en une formule, je l'emprunterais au chanteur Renaud, je crois que j'étais un anarcho-mendésiste.

La ligne de démarcation politique entre mon père et moi était floue. La distance que j'ai prise à son égard n'était pas tellement dans le domaine de la pensée politique, mais d'ordre professionnel. Je suis mathématicien. Je me sentais totalement libre, papa ne comprenait rien aux mathématiques (encore que je l'aie souvent entendu dire que, s'il n'avait pas été politicien, il aurait aimé être mathématicien ou physicien...). Compte tenu de la simplicité dont j'ai parlé, de sa rigueur, il aurait peut-être été un excellent savant.

> Vous portez un nom très notoire et très sonore. Vis-à-vis de vos camarades, de vos condisciples ou de vos collègues enseignants, avez-vous été amené à défendre votre père ? L'avez-vous fait par fidélité familiale ou en adhésion profonde ?

Il m'est arrivé, heureusement pas très souvent, de me sentir obligé de répondre à des attaques. Pas dans le milieu universitaire où je vis, où se manifeste, en gros, un consensus tout à fait sympathique.

Mais quand je faisais mon service militaire dans les années 58-59, en pleine guerre d'Algérie, où j'étais mobilisé, il y a des moments où je me sentais très mal à l'aise vis-à-vis de certains officiers. Lors d'un stage à Arzew où l'on préparait la « guerre psychologique » (comme on disait à l'époque) étaient affichés des panneaux anti-mendésistes. Je me suis senti obligé de demander qu'on les enlève. Ce qui a été fait tout de suite (mais j'ai appris par la suite qu'ils ont été remis sitôt que je suis parti...).

Vous avez eu des altercations avec des types vous apostrophant : « Ah, tu es le fils de ce... »

Non, c'était un peu plus subtil que ça. Les gens savaient qui j'étais, bien entendu. Je crois que ça les amusait de me voir dans une situation un peu désagréable. Beaucoup d'officiers français en Algérie espéraient qu'à la fin de mon service, rentré en France, j'irais porter la bonne parole, leur bonne parole.

J'ai en tête un certain commandant Broizat, qui s'est rendu célèbre après le 13 mai 1958, et aussi le capitaine Faulques, tristement cité lors de l'assassinat de Maurice Audin. L'un et l'autre étaient naïvement persuadés qu'ils allaient convaincre le fils de Mendès France de plaider la cause de l'Algérie française auprès de son père...

Porter la guerre psychologique jusqu'à l'intérieur de la citadelle mendésienne, la citadelle de la trahison !

Broizat était un personnage tout à fait inquiétant, très cultivé. Son dieu, c'était Simone Weil, la philosophe... A l'époque, je lisais aussi Simone Weil. J'ai d'abord été troublé de rencontrer quelqu'un, en principe ennemi, qui me parlait ce même langage, me citait des morceaux de Simone Weil. Ça m'ennuyait beaucoup. Mais enfin bon ! je n'en ai pas été convaincu.

Dans l'ensemble, vous considérez les trente ou quarante dernières années d'un regard différent de celui de votre père ?

Il est difficile de se démarquer de son père et on a quand même envie de le « tuer » à un moment donné ou à un autre... Les problèmes ne se posaient pas seulement à mon frère et à moi-même. Ma mère Lily, qui est morte en 1967, éprouvait, elle aussi, une certaine gêne à être la femme d'un homme célèbre. C'était un excellent peintre, elle n'a jamais osé faire une exposition de peinture de peur que les gens viennent la voir parce qu'elle était Mme Mendès France.

Mon frère et moi, nous ressentions peut-être aussi ce type de gêne. Nous avions besoin de nous exprimer différemment. Mais nous étions au fond d'accord avec ce que faisait notre père. Non seulement d'accord, mais très fiers... Mes enfants Tristan et Margot, ma femme Joan partagent cette même fierté.

Le mot qui vous est venu est fort. Vous étiez fiers de votre père.

Oui.

> Vous venez de parler de votre mère Lily, que j'ai connue et beaucoup admirée. La légende veut qu'elle tenait la politique à l'écart de l'intérieur familial parce qu'elle ne s'y intéressait pas elle-même.

Ce n'est pas tout à fait juste. Maman avait une sensibilité politique assez développée. Il est vrai qu'à la maison nous ne parlions pas de politique, mais c'était moins du fait de ma mère que de mon père.

Il estimait qu'à la maison on se repose, on parle d'autres choses, des études, des enfants, de la peinture de ma mère, de mille choses différentes, mais pas de politique ; sauf, bien entendu, si nous lui posions des questions. J'avoue que moi-même, un peu par timidité, je posais peu de questions politiques. Mon frère, lui, posait des questions à mon père, essayant quelquefois d'être en désaccord avec lui, ce qui n'était pas facile. Maman se tenait à l'écart de ce genre de discussions, mais était très attentive à ce qui se disait. Ça l'intéressait, bien qu'elle se tienne sur la réserve...

> Vous avez souffert de tels ou tels articles de journaux de droite, pour ne pas parler de l'extrême droite, des racistes ?

Oui, ça me gênait. Il est vrai que l'on ressent comme une sorte de gifle à lire ou entendre des ordures. Certains journaux me brûlaient presque les mains. J'éprouvais un mal physique.

En mai 1968, vous étiez ce qu'on appelait un « soixante-huitard », heureux de l'être, n'est-ce pas, même à Bordeaux, marginal par rapport au mouvement ? Vous êtes-vous senti un peu gêné de voir Pierre Mendès France entrer dans ce mouvement ? Vous êtes-vous dit : « Qu'est-ce que vient faire le " pépé " là-dedans ? » Avez-vous trouvé ce rapprochement artificiel ?

Non, je l'ai trouvé très bien. En mai 1968, je n'étais pas en France. Il se trouve que j'étais aux États-Unis, à Berkeley, où je donnais des cours pendant deux ou trois mois. A Berkeley aussi, il se passait des choses... Je suis rentré en France en juin 1968, quand les choses étaient en train de se tasser. J'ai néanmoins trouvé une ambiance extraordinairement ouverte, vivante. J'avais suivi par les journaux l'histoire de Charléty, où je n'étais hélas pas ; et, au fond, j'étais à nouveau très content de voir mon père sinon mêlé aux gauchistes, du moins prêtant une oreille attentive au mouvement, et reçu très sympathiquement par la plupart des jeunes de l'époque.

C'est quelque chose qui m'avait presque flatté. Je me sentais tout à fait en communion à la fois avec les gauchistes de l'époque que je continue d'admirer (on me traite de vieux soixante-huitard !) mais aussi en accord avec cette ouverture qu'incarnait papa, avec cette volonté de changer quelque chose de profond dans la société, et de redécouvrir une nouvelle politique — sur laquelle je fondais beaucoup d'espoirs. Bon, ça s'est cassé la gueule comme l'on sait.

Dans la cellule familiale, vous êtes-vous senti dans une citadelle assiégée, à tel ou tel moment ?

Le sentiment de danger nous l'avions éprouvé au début des années soixante, en effet. La plupart des hommes politiques en vue, surtout (mais pas seulement) ceux qui militaient dans l'opposition, étaient constamment protégés par des gendarmes, des policiers.

Nous habitions un appartement au quatrième étage, rue du Conseiller-Collignon. Sur le palier, devant l'ascenseur, deux policiers s'étaient installés à domicile. Mes parents qui étaient un peu malheureux pour eux, qui ne pouvaient pas rester debout tout le temps, leur ont installé sur ce palier des chaises, une table, un sofa, une petite lampe, des livres. Quels livres lisaient-ils ? Les romans policiers ne les intéressaient pas, ils voulaient des choses plus intellectuelles... Bref, ils avaient aménagé leur petit appartement à notre porte. Quand je sortais de chez moi, j'entrais chez eux. Alors je frappais avant de sortir. Eux me disaient « entrez ». Alors je sortais, avec le sentiment de faire intrusion chez eux...

Autre sujet de légende à propos de Pierre Mendès France : ses rapports bizarres avec l'argent. Lui qui était un grand expert des finances de l'État était étranger à ses propres finances, à celles de sa famille, non ? On assure que dans la vie courante, lorsqu'il allait au cinéma, au restaurant, Pierre Mendès France n'avait jamais un sou sur lui, comptant sur sa femme pour payer un taxi, les places de cinéma. Vous avez raconté d'ailleurs qu'il était d'une grande maladresse pour recevoir, organiser une réception chez lui...

C'est vrai. Papa n'aimait pas vraiment recevoir. Il aimait beaucoup rencontrer des gens, discuter avec ses amis, et il en avait beaucoup... Mais les réceptions en tant que telles l'ennuyaient. Recevoir, inviter des gens à boire du bon vin, à faire un bon repas, l'assommait. Je crois qu'il ne comprenait pas. Il se disait : les gens viennent me voir pour discuter avec moi, pas pour boire un bon coup.

Il n'a donc jamais fait d'effort de ce côté-là. Peut-être certains lui en ont-ils voulu, je n'en sais rien. Les réceptions à la maison étaient, en effet, restreintes au minimum, au point qu'il nous est arrivé de rencontrer ensuite les invités au café en bas en train de manger de gros sandwiches ! Ça s'est passé deux ou trois fois. Bien entendu, cela gênait beaucoup ma mère, mais mon père, lui, trouvait cela parfaitement naturel : après tout, ils ont faim, bien, ils mangent des sandwiches.

Et si l'on disait deux mots de la légende du lait ?

Bon. Mon père n'aimait pas le vin. Il avait en revanche une attirance pour le lait. Politique ? Peut-être, mais il aimait beaucoup le lait, qu'il a peut-être découvert aux États-Unis où il nous a retrouvés, mon frère et moi, consommant une nourriture très saine et buvant du lait, au milieu d'une jeunesse américaine en très bonne santé, alors que dans la France d'après guerre les gens mangeaient encore très mal, encore soumis aux cartes de rationnement. C'est sans doute à ce moment-là qu'il a pensé à cette politique du lait ; sans parler des problèmes d'alcoolisme qui restaient irritants (et qui le sont toujours). Moyennant quoi je reconnais que je suis, moi, un bon buveur de vin.

Je ne suis pas parti à Bordeaux pour boire du vin, mais parce que le style de mathématiques qui se développait à Bordeaux, dans les années soixante, était précisément celui dans lequel je m'impliquais moi-même. Quand j'ai annoncé à mon père que j'allais enseigner à Bordeaux, il a dit : « Ah ! quelle bonne idée, justement à Bordeaux dans le cimetière juif il y a une vieille pierre tombale des Mendès France, et il y a deux places vides dedans, c'est bon à prendre ! »

La famille Mendès France vient du Portugal, puis de Bordeaux. Mon père a fait sur ce point des recherches très détaillées. Il a passé quarante ans de sa vie, sinon plus, à réunir des documents là-dessus. Après sa mort, on a encore retrouvé des dossiers immenses, que nous avons conservés, bien sûr, grâce auxquels on peut retracer l'histoire de notre famille, depuis le XIIIe siècle, bien avant qu'elle ne quitte le Portugal au XVIIe.

La famille Mendès France s'est installée à Bordeaux, où elle a vécu jusqu'il y a une centaine d'années. Puis, elle est peu à peu remontée vers Paris, comme tout un chacun. Et je suis donc né à Paris, mon père est né à Paris, et c'est vraiment par le plus grand des hasards que je me retrouve maintenant à Bordeaux. Mon fils et ma fille renouent avec le passé puisqu'ils sont nés à Bordeaux... et ma femme aussi puisqu'elle est anglaise. L'Angleterre et l'Aquitaine, une vieille Histoire d'amour.

Pourriez-vous évoquer un goût de votre père dans la vie, un auteur, un type d'art, de distraction, que connaissaient bien ses intimes, sa famille ?

Je l'ai entendu à plusieurs reprises nous lire des poèmes de Villon, et éclater en sanglots. « La ballade des pendus », entre autres... Il avait un grand attachement pour Proust. Zola était un de ses grands auteurs. Et il avait une passion aussi pour Anatole France, que je ne comprends guère, mais qui correspondait à une époque. Baudelaire l'émouvait : il a conservé avec lui pendant toute la guerre le premier volume de la Pléiade.

Ce n'était pourtant pas un grand lecteur. Il ne lisait pas énormément d'œuvres littéraires, mais il était touché par ce qu'il lisait. (Avait-il le temps de lire ?)

La maison de Louviers ?

Il avait beaucoup d'affection pour sa maison de Louviers où il se rendait souvent (au moins une fois par semaine ?). Je crois que c'est ma grand-mère maternelle qui l'avait achetée pour mes parents dans les années trente. Mon père y était très attaché ; il y a fait faire des travaux, il y a planté des arbres...

Pendant la guerre ma mère y avait laissé les tableaux qu'elle avait peints. A notre retour à

Louviers après la guerre, on a retrouvé l'un de ses tableaux criblé de balles. C'était le portrait d'un bel homme noir, à l'allure tragique. Il avait donc servi de cible. Pourquoi lui et pas un autre ? La réponse est hélas trop évidente...

J'ai parlé tout à l'heure des documents relatifs à l'histoire de la famille. C'est à Louviers qu'ils se trouvaient, ainsi que les quelque 150 albums de photos de la famille. C'est à Louviers que mon père aimait à réunir sa famille, sa sœur Marcelle et ses enfants mes cousins Didier, Tiennot et Sylvie Grumbach puis, après le décès de ma mère Lily, Marie-Claire sa seconde femme. C'est à Louviers, enfin, qu'après sa mort les cendres de mon père ont été éparpillées...

Jacques Delors

C'est à travers ces « clubs » qui, au cours de sa traversée du désert des années soixante, refondèrent la gauche non partisane qui prépara l'élection de 1981, que Delors fut l'un des plus infatigables et pertinents porte-parole du « mendésisme », avant d'être, dans l'euphorie aventureuse du début des années quatre-vingt, un Cassandre du Parti socialiste nourri d'arguments inspirés par l'ancien ministre de Léon Blum et de Charles de Gaulle.

> JEAN DANIEL : La première question a trait à ce qu'il y a de mendésisme dans votre politique, dans votre vision du monde, *grosso modo* dans le delorisme et notamment dans la politique des revenus.

JACQUES DELORS : Je pense que beaucoup d'hommes de ma génération sont redevables à Pierre Mendès France de leur goût pour la politique, par son style, son langage de vérité, son souci d'informer l'opinion publique et, à l'époque, par l'accent qu'il mettait sur la modernisation de notre économie, c'est-à-dire son adaptation à la donne contemporaine. Il avait d'ailleurs publié un ouvrage de référence pour nous, *La Science et l'Action,* avec M. Ardant. Il soulignait combien la politique économique devait être sophistiquée, et ne pas simplement être une politique soit dirigiste, ce qui était la tendance en France ces années-là, avec trop d'interventions de l'État, soit une politique purement monétariste ou de la main invisible.

Dans le droit fil de Keynes, mais en le dépassant, il avait indiqué tous les éléments de cette politique parmi lesquels, bien entendu, une politique des revenus. Je m'en suis beaucoup inspiré par la suite, pour mes propositions et dans mon action.

Quand l'avez-vous connu ?

En 1958, nous nous inquiétions ; la guerre d'Algérie menaçait de renverser la démocratie en France, et, bien sûr, tous les démocrates se réunissaient, notamment autour des initiatives prises par les clubs : le club Jean-Moulin, et mon club, le club Citoyen-60. C'est à ce moment-là que nous avons rencontré régulièrement des hommes politiques, et plus particulièrement Pierre Mendès France.

Aviez-vous déjà milité pour lui ?

Oui, lorsqu'il a été renversé, ou plutôt lorsque, la première fois, il n'a pas reçu l'investiture, en 1953. Je militais à la Jeune République qui était un tout petit parti, mais un parti qui s'était alors distancié du Mouvement républicain populaire. Par conséquent, en tant que militants de la Jeune République, nous avons fait toutes les campagnes de Mendès, y compris celle du Front républicain. La Jeune République a même eu un député.

En 1956 précisément, au moment de la campagne électorale, je faisais des textes, je faisais tourner la ronéo et je collais des affiches dans le XIIe arrondissement pour le candidat du Front républicain qui, si ma mémoire est bonne, était Léo Hamon, avec comme suppléant François Sarda.

> On pourrait revenir un instant sur le gouvernement de 1954. Est-ce que le jeune homme que vous étiez à l'époque garde un souvenir très positif de ce gouvernement ou y a-t-il des éléments négatifs tout de même ?

Compte tenu des problèmes de l'époque, nous étions d'abord des militants anticolonialistes. C'était quand même une des grandes motivations qui nous avaient fait entrer dans l'action politique. Et dans cette bataille anticoloniale, l'homme phare était Mendès France.

Du point de vue du style de gouvernement, c'était, devant un problème très compliqué, très explosif, avec une grande part d'émotion, la technique du calendrier, dont je me suis inspiré pour l'objectif 1992 (la réalisation du marché sans frontière), et surtout l'engagement personnel – au four et au moulin – sur la réalisation d'un objectif précis.

L'autre grand pôle d'attraction était sa conception de la politique économique et plus généralement de l'adaptation de l'économie française aux contraintes de l'économie mondiale et du progrès scientifique.

Il était partisan de la stabilité monétaire. Il pensait qu'une monnaie forte exerçait une contrainte salutaire, nous faisait entrer dans un cercle vertueux. Les principes projetés dans le contexte présent nous conduisent, comme vous pouvez le penser, au Système monétaire européen et à l'Union économique et monétaire. Mais il a fallu longtemps pour que les Français se rendent compte que ce n'était pas avec une monnaie fondante que l'on pouvait résoudre les problèmes d'efficacité économique et d'équité sociale. Rappelez-vous d'ailleurs sa controverse, dès le premier gouvernement du général de Gaulle, après la guerre, avec M. Pleven. La politique que Pierre Mendès France combattait alors nous a fait glisser sur la pente de la facilité qui s'appelle, en économie, inflation et dévaluation de la monnaie.

Il y a tout de même l'épisode de la CED et sa liquidation ; vous n'y voyez pas un précédent assez fâcheux, et couvert par Mendès, de l'abandon d'un projet européen ?

En ce qui concerne l'épisode de la CED, qui a duré deux ans et qui s'est terminé par l'adoption d'une question préalable présentée par Édouard Herriot, j'étais gêné parce que, dès ce moment-là, je considérais que le réarmement de l'Allemagne était inéluctable et que, par conséquent, il valait mieux encadrer ce réarmement dans une défense européenne commune. D'un autre côté, je dois l'admettre, les esprits n'étaient pas mûrs pour que le projet de la CED recueille la large majorité qui est nécessaire pour tout grand choix national.

Personnellement, j'inclinais plutôt vers la Communauté européenne de défense, mais le chef du gouvernement, lui, devait compter sur le conditionnement politique à cette époque. Mais, je le reconnais, il n'a pas mis tout son poids dans la balance. N'ayant pas eu l'occasion de parler avec lui de cette question, je ne peux pas vous dire quel était le fond de sa pensée ; l'ambiguïté demeure dans mon esprit.

Mais vous avez retenu le fait qu'il s'était précipité à Londres pour faire l'UEO à cette époque.

Cela tendrait à prouver que son réalisme l'inclinait à penser que le réarmement allemand était inévitable. Puisque la CED n'avait pas été acceptée par notre Parlement, la France risquait d'être isolée. D'où cette mission à Londres, afin de jeter les bases d'une coopération militaire entre Européens de l'Ouest, incluant précisément l'Allemagne fédérale. Ce fut l'Union de l'Europe occidentale qui, demeurée dans l'ombre pendant longtemps, resurgit aujourd'hui grâce aux accords de Maastricht.

En quoi Mendès France était-il européen ?

Il était européen dans la mesure où il comprenait bien, à l'époque, les problèmes de l'économie mondiale, et où il s'angoissait du risque d'un déclin français, c'est-à-dire du sort d'une France qui resterait celle de Méline : repliée sur elle-même, insensible aux mouvements extérieurs, peu consciente des marges de manœuvre limitées d'une politique économique nationale. Il comprenait très bien l'économie internationale, ainsi que l'attestent sa participation aux travaux du Fonds monétaire international, puis sa présidence de la Commission des comptes de la Nation, qui était à la pointe du progrès de la pensée économique en France.

Il est tout de même l'homme qui a voté contre le traité de Rome. C'est là, pour un parcours d'Européen, une bévue ou une bavure.

Je pense que c'était toujours à ses yeux le double problème de l'impréparation de la France et de la disproportion des forces avec l'Allemagne. Il avait sans doute peur que l'Allemagne éclate en Europe, comme un adulte dans son habit de premier communiant. Et c'est peut-être ça qui explique son vote. Il m'est arrivé d'avoir des discussions très animées avec Pierre Mendès France sur ce sujet, comme sur d'autres.

C'est un vote d'ailleurs qui recoupe celui de beaucoup d'adversaires de gauche de Maastricht actuellement qui est : « Vous faites une Europe libérale, ce n'est pas l'Europe des travailleurs, ce n'est pas une Europe suffisamment socialiste. »

Certes, mais j'ai toujours considéré comme un faux-semblant, comme une erreur le slogan : l'Europe sera socialiste ou ne sera pas. C'est une question de bon sens. Nous sommes douze pays pour l'instant. Chaque pays élit démocratiquement son gouvernement et, par conséquent, il faut apprendre à vivre avec les autres. Pour parler plus clairement encore, je dirais que la Communauté a progressé grâce à une alliance implicite entre les sociaux-démocrates et les démocrates-chrétiens. Mais cela ne pouvait pas apparaître nettement à l'époque aux yeux de Mendès France. Plus fondamentalement, il existe un modèle européen de société qui doit beaucoup au socialisme démocratique, lequel a profondément marqué l'histoire de nombreux pays européens durant les trente glorieuses. La grande majorité des responsables européens entendent demeurer fidèles à ce modèle. C'est l'héritage que nous avons reçu d'un siècle d'action du mouvement ouvrier, à travers ses syndicats et ses formations politiques. Pierre Mendès France appartenait à cette tradition, comme le montrent ses analyses et ses propositions.

Vous êtes-vous interrogé sur la façon dont il refusait, à un certain moment, les responsabilités ? Avez-vous une interprétation de ce qu'on a appelé sa solitude volontaire ?

J'ai eu avec lui une divergence en 58 et en 62. J'ai voté « oui » aux deux référendums, car j'étais littéralement traumatisé par l'impuissance du système de la IVe République. Pierre Mendès France savait tout cela. Mais chez lui, son attachement à une certaine conception de la démocratie, et notamment d'une démocratie parlementaire à l'anglo-saxonne, comme en Grande-Bretagne, a prédominé. Voilà un premier point de débat avec lui. J'étais un des rares hommes de gauche qui ont voté « oui » aux référendums de De Gaulle, il est vrai. Mais c'était uniquement pour les raisons que je viens d'évoquer et qui gardent une certaine actualité.

La première, c'est que nous ne pouvions pas continuer avec ce système politique. Regardez aujourd'hui la situation de l'Italie ; il n'est pas la peine d'en dire davantage. Et en second lieu, je pensais que le général de Gaulle ferait la paix en Algérie, par des moyens détournés ; mais je crois que Mendès France n'aimait pas les moyens détournés ; c'était l'homme du parcours absolument transparent. Ce n'était pas un grand adepte de la tactique. Il raisonnait en termes de stratégie. Il prônait, au nom même d'un vrai civisme, un langage de clarté vis-à-vis de l'opinion publique. Ce contrat entre les citoyens et le chef du gouvernement est un phénomène éminemment moderne, car, si vous regardez aujourd'hui, avec le rôle dominant des médias, nous voyons que le XXIe siècle va être le siècle des opinions publiques pour le meilleur comme pour le pire.

Il avait pressenti tout cela. Non pas simplement par pédagogie, mais parce qu'il pensait que l'opinion publique en tant que concept est un élément de la démocratie. D'ailleurs, il a fait un geste qui ne lui a jamais été pardonné : reprendre la parole après avoir été censuré au Parlement. On a pris ça pour un geste plébiscitaire. Mais quand on regarde aujourd'hui comment fonctionnent les démocraties, on s'aperçoit qu'il anticipait en quelque sorte. Aujourd'hui, le gouvernement est responsable devant le Parlement, mais il essaie toujours de trouver avec l'opinion publique un minimum d'accord sans lequel rien n'est possible. Ce qui, soit dit entre parenthèses, n'est pas un plaidoyer en faveur de la domination des médias et des sondages, mais un paramètre de la démocratie : l'opinion publique comme acteur politique.

Êtes-vous de ceux qui ont pensé à un mariage de Gaulle-Mendès ?

Je m'étais dit à l'époque : « Pourquoi pas ? » Ensuite, une meilleure connaissance de la pensée de l'intéressé et de son tempérament m'a conduit à comprendre que ça n'était pas possible. Il n'y avait pas de place pour deux fortes personnalités comme cela. Le couple président de la République - Premier ministre, déjà si difficile sous la Ve République, aurait été explosif.

Comment expliquez-vous le divorce entre la durée d'occupation du pouvoir par Mendès et l'étendue de son influence ?

D'abord parce que lorsque l'on met fin dans les délais prévus à la guerre d'Indochine, lorsque l'on ouvre la voie à la décolonisation en Afrique du Nord, on joue un rôle historique. En second lieu, sa manière de s'adresser à l'opinion publique a frappé beaucoup de générations. Il y a toujours aussi l'idée du combat entre les anciens et les modernes. Pour tous ceux qui se disent modernes, Pierre Mendès France est une figure emblématique et une référence, encore aujourd'hui, même pour des jeunes de 18-20 ans. En d'autres termes, le mendésisme est un style qui répond encore aujourd'hui à une attente et comme preuve de sa validité, une politique qui a obtenu des résultats conformes aux annonces faites.

> Vous n'accepteriez pas l'idée que la brièveté de son passage au pouvoir a été le garant de la longévité de sa gloire, que c'est parce qu'il n'a fait que sept mois éclatants que sa gloire est si grande, que s'il avait tenu deux, trois, quatre, cinq ans, elle aurait été usée, et elle serait moins vivante...

Sans doute, l'exercice du pouvoir, durant une longue période, constitue une épreuve en soi, un parcours plein de périls. Et j'ai pleine compréhension pour ceux qui doivent gérer une telle situation face aux aléas de l'histoire et aux caprices de l'opinion. Mais, cela étant dit, on peut expliquer la renommée persistante de Pierre Mendès France par un phénomène d'opinion publique que les spécialistes des sondages connaissent bien. Pour reprendre l'expression de l'un d'entre eux, il y a dans l'esprit de nos concitoyens la France rêvée et la France réelle.

Dans les sondages, par exemple, il y a des gens qui annoncent leur préférence pour les personnalités de la France rêvée, mais qui, quand il s'agit de voter, votent quand même pour ceux qui sont dans la France dite réelle. Mendès France, s'il avait quarante ou quarante-cinq ans aujourd'hui, serait à nouveau dans la France rêvée. Ça ne veut pas dire pour autant qu'il arriverait à être président de la République ou à obtenir le support d'une majorité des parlementaires, ou même d'un parti politique où jouent d'autres éléments importants, certes, mais vis-à-vis desquels il avait, sans doute, quelque allergie. Rappelez-vous certains épisodes de l'histoire du parti radical !

> Pensez-vous qu'on peut susciter de la vénération sans être au gouvernement ? Croyez-vous au contre-pouvoir intellectuel ?

Oui, je crois au contre-pouvoir intellectuel. Il y a une période creuse liée au déclin du marxisme, du point de vue des idées et du point de vue des réalités, puis la montée de l'ultra-libéralisme, c'est-à-dire le marché et la main invisible régissant tout. On passait d'un simplisme à un autre. Mais depuis quelque temps les intellectuels reprennent toute leur place dans la vie politique, et je m'en réjouis. Curieusement, ce renouveau de la vie intellectuelle coïncide avec cette nouvelle actualité de Pierre Mendès France.

> En 1981, il a semblé que votre position comme ministre des Finances dans le gouvernement de Pierre Mauroy était soutenue par Pierre Mendès France, qu'il y avait une sorte d'alliance : lui en dehors du pouvoir ; vous, au pouvoir, pour une certaine vision de l'installation socialiste en France. Pourriez-vous parler de cette alliance entre vous ?

Je n'ai jamais utilisé publiquement une quelconque référence à Pierre Mendès France. Je répugne, en effet, à utiliser les grands noms de la politique française comme une sorte d'emblème ou de justification. Il se trouve simplement que, dans les mois qui ont précédé l'élection présidentielle de 81, et dans les mois qui ont suivi, nous nous sommes beaucoup vus, et on trouvera même des photos à la porte de l'Élysée avec Pierre Mendès France, François Mitterrand et moi-même.

J'étais sûr d'être dans le droit-fil de sa pensée en prenant les positions qui ont été les miennes, et qui pouvaient se résumer en deux points : il n'y a pas besoin d'étendre autant que cela le secteur public ; et, en second lieu, il faut tenir compte du contexte international, être assez modéré dans la réponse que nous apportons aux aspirations du peuple de gauche ; aspirations qu'il fallait satisfaire dans des limites compatibles avec les contraintes internationales. Sur ces deux points, nous avons souvent discuté et je suis sûr que nous partagions le même point de vue.

> A-t-il eu une influence à ce moment-là ? Pour être plus précis, pensez-vous que François Mitterrand a tenu compte de sa pensée ou de ses avis durant cette période ?

Ils ont beaucoup parlé ensemble, mais il y avait quand même deux écoles à l'époque. Il y avait ceux qui disaient : « La gauche a été écartée du pouvoir pendant longtemps; la fête du soir de l'élection signifie quelque chose ; il faut répondre aux aspirations du peuple de gauche. » Et il y avait ceux, minoritaires, comme moi, qui disaient : « Oui, mais dans la limite compatible avec une expérience qui doit durer. » J'avais aussi l'obsession du Front populaire : je me rappelais que celui-ci n'avait duré que peu de temps.

Il y avait donc les deux écoles ; la seconde était très minoritaire, mais elle était fortement inspirée par l'approche de Pierre Mendès France.

Y a-t-il un souvenir personnel de l'entretien avec Mendès France, ou une image de Mendès France que vous retenez si vous convoquez vos souvenirs ?

Dans son appartement où j'allais le voir quelquefois, je n'avais jamais vu autant de papiers : des papiers, en anglais, en français. Il avait une formidable curiosité intellectuelle, et même lorsque sa santé a commencé à décliner, il travaillait et réfléchissait beaucoup. Ça, c'est une première image. La seconde, c'est qu'il était entêté ou si vous préférez très arrêté sur ses idées. Il est arrivé parfois que nous n'ayons pas les mêmes points de vue. Par exemple, lorsque Antoine Pinay a fait son grand emprunt en 1958 : lui, pensait que cet emprunt n'apportait pas d'argent frais, que c'était uniquement des transferts d'épargne. Je pensais, au contraire, qu'il apportait de l'argent frais, et donc que cet emprunt était un bon élément pour la politique de stabilisation de l'époque. Mais ni l'un ni l'autre n'avons pu nous convaincre mutuellement.

Du point de vue de l'Europe, considérez-vous que la marche de Mendès est une marche progressive vers l'Europe, qu'il est mort plus européen qu'il n'était du temps de son passage au pouvoir, par exemple ?

J'atteste que, les dernières années, il était pleinement convaincu qu'il fallait construire l'Europe économique et politique, moins peut-être par plein partage de l'idéal qui était celui des pères du traité de Rome que par réalisme, par une juste appréciation du rôle que la France pouvait jouer en Europe et dans le monde, et aussi pour des raisons économiques évidentes. Lorsque vous lisez son livre *République moderne,* sa grande angoisse, c'est que les structures économiques et sociales de la France soient adaptées au monde d'aujourd'hui, intérieurement et extérieurement. Ce livre fut une mine pour les clubs notamment, puisque tels étaient les grands thèmes des clubs des années soixante dans lesquels ensuite les partis de gauche ont largement puisé, particulièrement le Parti socialiste. L'approfondissement de la démocratie, la modernisation de l'économie avec une planification adaptée, la construction européenne, voilà quels étaient les grands thèmes, avec bien sûr la décentralisation et l'éducation.

On peut dire que les clubs étaient absolument mendésistes. Ajoutez à cela qu'il y avait dans les clubs des animateurs d'une qualité exceptionnelle comme Simon Nora et d'autres proches collaborateurs de Pierre Mendès France.

Comment expliquez-vous la haine dont il a été la victime et l'unanimité qui salue, en ce moment, sa mémoire ?

Il y avait hélas une certaine tonalité raciste. Mais aussi ce que fut souvent l'attitude de la droite conservatrice vis-à-vis des hommes de gauche. Léon Blum, Mendès France pas plus que Mitterrand n'ont été épargnés par ce procès scandaleux en non-légitimité. Depuis, le climat s'est amélioré sur ce terrain : c'est l'acception implicite de l'alternance démocratique.

Pour le reste, la haine provenait d'un passé fort heureusement révolu en France. Il y avait par exemple d'un côté les laïcs, de l'autre côté les chrétiens. Tout cela a disparu, mais il reste quand même que la droite conservatrice supportait mal qu'un homme de gauche, même d'une gauche très empreinte de la réalité capitaliste comme Mendès France, vienne au pouvoir. Le reste s'explique par de sordides règlements de comptes, au sein de la classe politique, au cours de la IVe République et notamment l'antagonisme constant entre Pierre Mendès France et certains responsables du MRP.

La pédagogie de Mendès France consistait tout d'abord à considérer que les gens pouvaient être raisonnables et civiques. C'était le gouvernement de la raison, et on voit bien d'ailleurs, dans l'inspiration originale du Parti radical, cette croyance en la raison comme un élément qui peut faire progresser la société et les individus.

Il s'adressait à la raison, au bon sens, à l'intelligence des citoyens. Il leur parlait franchement. Il leur a parlé très nettement sur la décolonisation ; il avait fait de même pour les questions économiques et même dans la lutte contre l'alcoolisme. Rappelez-vous la puissance du lobby des bouilleurs de cru. Il n'a pourtant pas hésité à prendre l'opinion à témoin, à faire distribuer du lait dans les écoles, il n'a pas cherché à dire : « L'alcoolisme, c'est dangereux, mais il faut s'y prendre d'une certaine manière, il faut essayer de convaincre les bouilleurs de cru » ; il y est allé nettement. D'où, à l'époque, une vraie bataille publique, avec un progrès de la connaissance par les citoyens des grands enjeux, non seulement de la vie collective, mais de leurs incidences sur la vie privée. C'était donc une pédagogie de la transparence qui peut aller jusqu'à l'affrontement. C'est tout le contraire de la théorie selon laquelle il faut mener les Français par des songes !

> Durant le gouvernement Chaban, entre 1969 et 1972, comment Mendès prend-il votre double présence, à Simon Nora et à vous, dans ce système gaulliste ? Est-ce qu'il a réagi ? Est-ce qu'il vous a fait la guerre ?

Pierre Mendès France n'a pas apprécié la présence de Simon Nora et de moi-même au cabinet de Chaban-Delmas pour des raisons qui tiennent à sa conception intransigeante de l'engagement personnel et à une question de principe. C'est un homme entier, qui ne pouvait pas comprendre que nous apportions notre caution à cette tentative politique, fût-ce pour des raisons valables. C'était le lendemain de Mai 68, la société était instable, il y avait la possibilité de faire passer quelques réformes ; tout cela, pour lui, était secondaire par rapport à l'essentiel : son opposition à un régime qui ne correspondait pas à sa conception de la démocratie. Mais il a pu, dans le discours sur la nouvelle société, retrouver quelques thèmes qui lui rappelaient ses propres analyses en matière économique et sociale notamment.

Car Pierre Mendès France fut toujours pour moi le symbole de la réforme. Non pas la réforme pour le plaisir de changer, avec le risque d'inquiéter les citoyens... et surtout les électeurs. C'est bien ce que certains reprochaient d'ailleurs à Chaban-Delmas flanqué de « ses deux démons ». Mais l'esprit de réforme, c'est toute une philosophie de la vie et de l'action collective : le reflet d'une insatisfaction devant la situation de son pays, le souci de remédier à ses faiblesses, la croyance dans un progrès de la société, ce progrès fût-il fragile et constamment à conforter. Pour moi, c'est ça le mendésisme.

> Il était profondément laïc, la raison, le culte de la raison. Comment jugeait-il la présence d'un certain christianisme, ou d'une certaine religion, à l'intérieur de la politique ? Est-ce qu'il y avait là une sorte de méfiance chez lui du fait que quelqu'un ait une origine chrétienne ?

Je n'ai jamais entendu Pierre Mendès France avoir, fût-ce un mouvement d'humeur, encore moins une phrase ironique, sur des chrétiens en politique. Il était laïc, mais ce n'était pas son combat. Son divorce profond, dramatique, avec le MRP, venait de la question européenne entre autres, mais je ne l'ai jamais entendu parler de ces questions. Il était d'une grande tolérance. Il faut dire, d'ailleurs, qu'à l'époque c'était plutôt à nous chrétiens de faire le ménage chez nous pour éviter cette confusion entre la foi et la politique, ce qui m'a amené à me battre pendant des années au sein du groupe Reconstruction (d'autres fidèles de Pierre Mendès France) pour la déconfessionnalisation de la CFTC, qui est devenue la CFDT.

Édouard Balladur

Le ministre des Finances de la cohabitation s'est fait la réputation d'un champion du « moins d'État », ce qui devrait le situer aux antipodes de l'auteur du premier plan qui ait tendu à encadrer l'économie française, en 1938. Mais il admire l'homme d'État qui a su situer les questions économiques au premier rang des préoccupations des responsables de la vie nationale. D'où la très riche ambiguïté de son jugement sur l'auteur de La République moderne.

JEAN DANIEL : Je crois, monsieur le Ministre, que vous n'avez jamais rencontré Pierre Mendès France. Quand en avez-vous entendu parler pour la première fois ? Avez-vous des souvenirs assez précis ?

ÉDOUARD BALLADUR : C'était dans les années cinquante, avant qu'il ne devienne président du Conseil. Il attirait régulièrement l'attention du Parlement à la fois sur les risques de la guerre d'Indochine et sur la nécessité du redressement financier. A cette époque-là, il symbolisait, pour qui avait une vingtaine d'années, l'espoir d'autre chose dans la politique de la France, il a porté cet espoir longtemps.

> A partir de quand vous êtes-vous intéressé plus directement à son action ou à son rôle ?

Quand il est devenu président du Conseil. Il y a un paradoxe dans son action d'alors – il est vrai qu'elle n'a duré que sept mois. Il avait une image et une réputation d'expert économique et financier, et l'essentiel de son action, durant ces sept mois, a consisté à résoudre un certain nombre de problèmes internationaux, qu'il s'agisse de la paix en Indochine, de la situation de l'Afrique du Nord, ou du traité sur la Communauté européenne de défense. Si bien que, finalement, il a exercé le pouvoir pour ce que l'on n'attendait pas de lui, en tout cas pas principalement. Il n'a pas laissé sa marque, en tout cas pas fortement, sur la gestion économique et financière du pays, sans doute faute de temps.

Je crois que c'est dans le courant de l'automne de 1954 qu'il a fait paraître un certain nombre d'ordonnances. Je ne dis pas qu'elles étaient dépourvues d'importance, mais l'œuvre accomplie n'a sans doute pas l'ampleur de celle qu'il avait dans l'esprit à cette époque-là, le temps lui a fait défaut.

> Simon Nora me disait que, malgré le fait qu'il ait eu à s'occuper de ce pour quoi il n'était pas appelé, en ce qui concerne par exemple la Commission des comptes de la Nation, les sujets sur lesquels il avait une doctrine, il a impressionné

des générations au point qu'à l'Inspection des Finances, chaque fois qu'une mission était donnée, on lui en envoyait un double, comme à un expert. Est-ce que ça vous rappelle des souvenirs ? Ou est-ce que vous le saviez ?

Non. Ce que je sais, c'est qu'il est demeuré, sur le plan économique et financier, une référence.

En quoi ?

Il est l'un des premiers hommes politiques à avoir accordé autant d'importance aux problèmes économiques et financiers. Longtemps la République, dans notre pays, ça a été davantage la politique, la politique intérieure, ou la diplomatie, ou l'école, ou l'armée. Avec Mendès France, est apparu un homme d'État qui mettait au premier plan la gestion économique et financière, la réforme. En ceci il a été une sorte de précurseur. Aujourd'hui, le reproche que l'on peut faire à la politique, c'est plutôt l'inverse : faire trop de place à la simple gestion économique et financière, insuffisamment à la gestion proprement politique, c'est-à-dire à la réforme.

Et n'a-t-il pas été aussi, avec une conception qui rompait avec toutes les années passées, vers une stratégie d'intervention dans les finances publiques, de stimulation ? Il a cru au keynésianisme, c'est lui qui a...

Oui, mais il n'était pas le premier. Le keynésianisme a été introduit dans la politique économique française à la Libération. Peut-être l'a-t-il systématisé ou théorisé dans ses écrits, mais on ne peut pas dire que le pouvoir politique en France, de 1945 à 1954, n'était pas interventionniste ; il l'était au contraire.

> Alors que je suis soucieux de ne pas faire de vous « l'ennemi de service » de Pierre Mendès France, qu'est-ce qui peut me faire penser que vous trouvez son action un peu surestimée ? Parce qu'au bout d'un certain nombre de rendez-vous, je vous souligne qu'il y a une sorte d'unanimité pour valoriser son souvenir, son rôle, son action, et les traces qu'on aurait encore de son gouvernement.

Tout d'abord, qu'il soit bien clair que ce n'est pas de l'homme que je parle ; je ne l'ai pas connu et je me garderais de porter un jugement sur lui. Je suis certain que c'était un homme infiniment respectable. A l'époque, j'étais de ceux qui ont cru en lui, en sa capacité de rénover la politique de notre pays. J'ai été déçu. Non pas par ses sept mois de pouvoir ; après tout en sept mois que peut-on faire ? Regardez aujourd'hui, on nous explique qu'un gouvernement qui ne durera que onze mois ne pourra quasiment rien faire. Onze mois c'est pourtant presque deux fois plus que sept mois. Non, j'ai eu le sentiment – peut-être me trompais-je – qu'il était plus intéressé à être une sorte de grand témoin et de grande référence qu'à être un acteur.

> Même au gouvernement ?

Sans doute pas, vous avez raison. Mais souhaitait-il y demeurer longtemps ? D'autres que moi pourraient le dire. Il a participé pour la seconde fois au gouvernement en 1956, durant quelques mois à peine. Il me semble qu'il a négligé les possibilités que lui offrait l'exercice du pouvoir. Regardez combien sa démarche est différente de celle de François Mitterrand, par exemple, pour lequel la possession du pouvoir paraît comme une fin. Ce n'était certainement pas le cas de Mendès France.

> En quoi? Pourriez-vous le définir? A-t-il eu le temps? Il a eu à faire la paix en Indochine, il a décolonisé la Tunisie, il a brisé dans l'œuf la CED pour fonder l'UEO, en sept mois, c'est pas mal?

Je vous le disais moi-même tout à l'heure. Simplement, je le répète, on l'attendait davantage sur la gestion économique et financière.

> Quelles autres occasions lui offrait le gouvernement?

Quatre ans plus tard, sa position d'ensemble sur la Ve République m'a beaucoup surpris. Il m'a semblé qu'il ne comprenait pas combien notre époque avait changé, que sa condamnation de nos institutions actuelles, son attitude aussi en mai 1968, le mettaient délibérément un peu en marge de la vie publique, comme si ce qui le concernait, ce qui l'intéressait, c'était davantage de délivrer son message que de le faire passer dans la pratique et dans les faits.

> Non, mais sur ce point, vous rencontrez bien des esprits qui sont prévenus en sa faveur. Vous alliez

me dire, et je vous ai interrompu, en quoi les démarches de Pierre Mendès France et de François Mitterrand vous paraissent différentes.

Je n'ai pas l'impression que François Mitterrand ait négligé les occasions d'exercer le pouvoir.

C'est le moins que l'on puisse dire, oui, et puis ?

Je crois que je vous ai répondu.

Mais même dans l'exercice du gouvernement, il y a des tempéraments...

Mendès France est resté très peu de temps au pouvoir, il ne faut quand même pas l'oublier. A la Libération – pendant moins d'un an, me semble-t-il –, il a été ministre de l'Économie, puis il a été pendant sept mois président du Conseil, et puis trois ou quatre mois avec Guy Mollet, comme ministre d'État sans attribution précise.

Il a démissionné assez vite. C'est lui qui a refusé toute attribution au départ.

Oui, je n'ai pas non plus compris pourquoi il avait refusé le secteur économique et financier que lui offrait Guy Mollet en 1956. Il aurait eu là l'occasion de mettre en œuvre ses idées.

Son action, selon vous, aurait été surestimée. Est-ce que, par exemple, vous pensez qu'il n'y a rien dans la politique actuelle qui ne lui doive quelque chose ?

Ce n'est pas ce que je dirais. Mais on pourrait en dire autant du général de Gaulle, de Jacques Rueff, d'Antoine Pinay, de Georges Pompidou : chacun laisse sa marque. Je crois que la trace de Mendès France est davantage une trace intellectuelle. Il a contribué, lorsque j'étais moi-même étudiant, à donner à la jeunesse intellectuelle, qui s'intéressait aux problèmes économiques et politiques, un souci de cohérence et de rigueur intellectuelle. C'est en ceci qu'il a marqué les esprits de toute une génération, celle à laquelle j'appartiens ; personne ne peut le contester. Ensuite, il a négligé, sous-estimé, les occasions dans lesquelles il aurait pu prendre davantage de responsabilités. Pourquoi ? Je ne le sais pas, ceux qui l'ont bien connu pourraient le dire. Avait-il en lui une sorte de désir de « tout ou rien » ? Était-ce le ressort de son attitude ?

La politique, c'est parfois l'art de l'accommodement et il y paraissait peu porté, du moins est-ce l'image que je m'en suis faite de loin. Peut-être a-t-il eu raison, car le souvenir qu'il laisse dans les esprits eût sans doute été moins grand et moins fort s'il s'était davantage frotté aux réalités du gouvernement.

Si c'est un choix qu'il a fait de manière délibérée, probablement était-ce, pour sa mémoire, un bon choix. Mais je suppose qu'il en a ressenti parfois un peu de frustration.

Pensez-vous, en tant qu'expert, qu'il y a une pensée économique mendésienne ?

Sa pensée est fondée d'abord sur la nécessité de la rigueur financière, et ce n'est pas moi qui le lui reprocherais, bien entendu ; en second lieu sur la nécessité du rôle de l'État et, en ceci, il porte évidemment la marque de l'époque dans laquelle il s'est exprimé. Il est probable qu'aujourd'hui il n'en parlerait pas de la même manière.

Il était très partisan du Plan.

Oui, tout à fait, alors que, aujourd'hui, chacun s'accorde à penser que les choses ne peuvent pas être fixées à l'avance de façon rigide. N'oublions pas cependant que les premiers plans étaient essentiellement des plans d'équipement. C'est après qu'ils se sont chargés d'ambitions excessives, prétendant dynamiser l'ensemble des phénomènes de la vie économique et sociale. La planification, même française, s'est effondrée en raison de sa prétention intellectuelle.

C'est sur le plan international que j'ai eu du mal à le suivre. Sa proposition de système monétaire international fondé sur la valeur des matières premières – alors que nous vivons une époque où les valeurs de matières premières évoluent de façon si brutale et désordonnée ! – me semblait étrange. J'ai été toujours surpris de l'entendre défendre ce point de vue.

Le Système monétaire international, qui est mort depuis plus de vingt ans, ne peut être refondé que sur un étalon stable ; les matières premières, dont le prix est tellement variable, ne peuvent pas constituer un étalon stable. Je me sens là-dessus beaucoup plus proche de Rueff que de Mendès France.

J'appartiens à une génération qui a été très influencée par une sorte de keynésianisme qui, pendant plusieurs dizaines d'années, a été le bain intellectuel de notre pays ; c'est ce que Mendès France exprimait parfaitement dans le monde politique. Il se gardait des excès du socialisme dogmatique et du libéralisme également dogmatique.

Est-ce que cela vous aide à définir la gauche de penser à ces définitions, ou bien n'êtes-vous pas tellement homme à y apporter trop d'importance ?

Définition difficile. Vous disant cela, je m'expose au risque ; vous pourriez me répondre que ceux qui ne voient pas de différence entre la droite et la gauche sont en général des hommes de droite.

C'était vrai avant surtout. C'est une définition de Simone de Beauvoir ; elle n'était vraie qu'il y a vingt ans.

Peut-être. Le problème, ce n'est pas la droite ou la gauche, mais de savoir qui représente ou pas le changement de la société telle qu'elle est. Il est très difficile, quand on est au pouvoir depuis longtemps, de représenter le changement. Or, la gauche, sous ses formes keynésiennes, ou mendésistes, ou socialistes, a occupé en tout cas le pouvoir intellectuel, souvent le pouvoir politique dans notre pays, depuis les dernières cinquante années. Aujourd'hui, avec l'effondrement du communisme, il faut manifestement inventer autre chose, elle n'est pas la mieux placée pour représenter le changement et le renouvellement. Je pense que ce serait plutôt le rôle de la droite, si elle en avait l'aptitude, et le désir.

Comment situer Pierre Mendès France si l'on adopte ce type d'explication de la différence entre la droite et la gauche ? A coup sûr, il a représenté le changement dans les années qui ont suivi la guerre. Je pense qu'il a cessé de le représenter dans les dix dernières années de sa vie à cause de son hostilité à la Ve République, son hostilité quasi sentimentale, parfois irraisonnée, son attachement à un parlementarisme qui n'a quand même pas été très heureux pour la France, et dont il a été lui-même la victime. J'ai eu beaucoup de mal à le comprendre, d'autant que, dans le même temps, il avait fait des propositions pour instituer ce que l'on appelait le parlementarisme rationalisé. Il est probable que l'article 49-3 actuel de notre Constitution lui doit quelque chose.

Il était pour un contrat de législature aussi.

Oui. Cela revient à la mode, me semble-t-il.

Il semble que maintenant pour être un petit peu sûrs, ils ne retiendront pas ça; c'est une contrainte puisque le gouvernement n'a que onze mois devant lui, tandis que, pour Mendès, le pari était fait tous les deux mois.

Le contrat de législature était une nécessité, en l'absence de parti majoritaire; il représentait un effort de compromis entre plusieurs partis. Mais qui accepte le compromis si, ayant la majorité, il peut imposer sa loi ? Personne. L'adhésion au compromis trouve sa source dans le désir de conserver le pouvoir quand on ne peut plus l'exercer seul.

> Pensez-vous que l'on puisse définir la gauche ou la droite uniquement par rapport à l'incarnation du changement ?

Pas uniquement. Il y a aussi ce qu'il est convenu d'appeler les valeurs morales ou sociales, la liberté, la justice, la nation. Elles n'ont pas les mêmes conceptions générales. Il y a une banalité que je récuse : la droite s'accommoderait du monde tel qu'il est, la gauche voudrait le changer. Je crois que personne ne s'accommode du monde tel qu'il est, personne. Il me semble que la gauche aujourd'hui est plus tentée de le conserver que ne l'est la droite. Personne ne représente de façon permanente le renouvellement, le mouvement et le progrès, en tout cas, personne de ceux qui exercent le pouvoir depuis longtemps.

> Peut-être vouliez-vous dire quelque chose sur le mythe Mendès France ?

Chez toutes les personnalités que nous entendons, il y a une volonté de se référer à Mendès France. Il y a là comme une nostalgie, la nostalgie de leur jeunesse, mais pas cela seulement. Je pense que le nom et l'image de Mendès France ont acquis une valeur mythologique pour tous ceux qui souhaitent que la politique soit la moins électorale possible, la plus noble possible.

En cela, le mythe Mendès France est heureux, qu'il soit justifié ou non par son action, peu importe. Je crois qu'il est bon pour notre pays qu'il y ait le regret d'un homme dans lequel on voit le symbole d'une certaine conception de la politique, faite à la fois de rigueur intellectuelle et d'exigence morale.

Ma déception tient au fait qu'il se figeait un peu dans cette attitude et dans cette image, qu'il n'adhérait pas suffisamment à l'évolution, qu'il était un peu dogmatique et absolu dans ses positions. Il l'a payé par une inaction forcée.

> Sur son attitude à propos de la CED, l'approuvez-vous ?

J'avais une vingtaine d'années à l'époque, j'étais de conviction tout à fait européenne. Cependant, j'avais trouvé que c'était une imprudence de vouloir commencer par ce qu'il y avait de plus difficile : moins de dix ans après la fin de la guerre, construire l'Europe et notamment une entente franco-allemande sur l'armée, c'était un pari risqué, tellement risqué qu'il a été perdu. J'ai été surpris que Mendès France, qui avait fait de la nécessité du choix la vertu cardinale de l'action publique, n'ait pas pris parti. Mais là, sans doute, témoignais-je de l'intransigeance de la jeunesse ; au fond, il a sans doute eu raison.

> Il n'a pas pris parti, mais il l'a enterré quand même ?

Il a laissé les autres l'enterrer, plus exactement. Probablement était-ce la seule façon de résoudre le problème posé. Simplement, ce n'était pas nécessairement très cohérent avec son discours permanent sur la nécessité de choix clairs pour entraîner l'adhésion de l'opinion, dans laquelle il voyait à juste titre la définition même de la démocratie.

> Absolument. A propos de la CED, il était indigné du fait qu'on avait fait croire à tous nos alliés que le Parlement et l'opinion étaient pour l'héritage qu'on laissait. C'était un règlement de comptes avec le MRP de l'époque ; il avait voulu montrer que ce n'était pas vrai, que c'était en dehors de ses choix et de ses propositions. Il était plus soucieux de montrer que ses prédécesseurs avaient menti aux Alliés, parce que jamais la France n'y aurait consenti, plutôt que de dire : « Il ne faut pas y consentir. »

Peut-être. Ce faisant, il a scellé sa chute. Finalement, le rejet de la CED lui a été tout de même imputé. Il y a des habiletés inutiles. Même cet homme rigoureux et sincère en a fait l'expérience.

Raymond Barre

Ce n'est pas sa biographie, ni la communauté de luttes ou de parcours qui rapprochent l'ancien Premier ministre de l'ancien président du Conseil, mais une certaine attitude dans la vie publique, fort peu ménagère des partis, et une certaine conception de la gestion des deniers publics où la démagogie ne tient guère de place. D'où les commentaires positifs inspirés à PMF par diverses décisions économiques du Premier ministre Barre. D'où l'estime qui transparaît ici dans l'analyse faite par le député de Lyon de maints aspects de la vie publique du maire de Louviers.

> JEAN DANIEL : Pensez-vous qu'on puisse avoir de l'influence quand on n'est pas au pouvoir ? Car en somme, le président Mendès France est resté sept mois et sept jours au pouvoir, et en ce moment nous faisons une émission sur le dixième anniversaire de sa mort, on en parle comme de quelqu'un qui a laissé des traces profondes, comme d'une référence.

RAYMOND BARRE : Je crois qu'il est tout à fait possible d'exercer une influence sans disposer longtemps et continûment du pouvoir, si certaines conditions sont remplies. La première, c'est que l'on puisse apparaître comme un homme de convictions, et non pas comme un homme de circonstances. Pour reprendre la distinction bien connue : les hommes de circonstances restent longtemps au pouvoir, mais ils ne marquent pas dans l'esprit des concitoyens ; les hommes de convictions qui les ont affirmées, maintenues, défendues, envers et contre tout, méritent le respect et ont une autorité morale beaucoup plus grande que l'autorité dite publique ou gouvernementale.

La seconde raison est que l'on sert de référence lorsque l'on a pu influer sur les événements pour changer le cours des choses d'une manière qui a été utile au pays. C'est ce que Pierre Mendès France a fait, à un moment qui était dramatique : c'était la guerre d'Indochine. Il est apparu comme un homme qui était à la fois soucieux de l'intérêt et de la dignité de la France, mais aussi un homme capable de comprendre les évolutions qui devaient être acceptées pour mettre un terme au conflit indochinois.

> Et c'est ainsi que vous expliquez que ce soit devenu une sorte de mythe ? Parce qu'à l'exception du général de Gaulle, si l'on interroge des jeunes gens, je crois que ce nom évoque encore des choses durables.

Vous utilisez, je pense, le mot « mythe » dans le sens d'une image motrice et d'une idée-force ; la raison en est que, sur un certain nombre de points fondamentaux, Pierre Mendès France a défendu des idées qui se sont révélées non seulement adaptées au temps dans lequel nous vivons, mais très utiles pour le progrès de la France, pour le progrès de la société internationale.

Il a eu, en ce qui concerne la France, la vision très nette que nous ne pourrions pas jouer notre rôle en Europe, et dans le monde, si nous ne remettions pas en ordre nos affaires intérieures. Dans ce qui était, à l'époque, le désordre de la IVe République, les sept mois pendant lesquels Pierre Mendès France a été le chef du gouvernement ont été caractérisés par un certain nombre de mesures qui, dans beaucoup de domaines, ont amorcé une évolution nouvelle. Je pense, par exemple, à l'aménagement du territoire. Je pense à cela parce qu'à l'heure actuelle c'est un problème qui redevient majeur, et c'est une notion qu'il avait introduite à l'époque bien en avance.

Avec Pfimlin ? C'était à peu près...

Avec Pfimlin, oui, mais ceci prouve que des hommes de formation, de tendance politique différentes peuvent unir leurs efforts pour atteindre des objectifs qui sont d'intérêt national.

Sur le plan international, il est évident que Pierre Mendès France a compris, au-delà de ce que l'on appelle la décolonisation, la nécessité de prendre en compte les aspirations des peuples jusque-là dépendants et qui désiraient jouer un rôle pour eux-mêmes et pour la paix. Et il s'est efforcé, sinon de les satisfaire, du moins d'en tenir le plus grand compte. Voilà deux exemples.

Certains lui reprochent d'avoir pris des initiatives à contre-courant aux conséquences, à long terme, considérables, sans avoir été certain qu'il serait là pour en gérer les conséquences...

Personne n'est jamais sûr d'être là pour gérer les décisions qui ont pu être prises sous son autorité. Il y a la mort politique et il y a la mort tout court. Donc, il faut agir comme si l'on était là pour longtemps. Ce qui est important, c'est de ne pas différer les décisions sous prétexte qu'on ne serait plus là pour les appliquer. Il faut, au contraire, laisser à ses successeurs le soin de les appliquer ou d'y renoncer.

Un expert comme vous peut-il parler d'une pensée économique s'agissant de Mendès France, puisqu'il n'a pas eu l'occasion de la déployer ?

Je ne suis pas d'accord sur tout ce qu'a dit Pierre Mendès France. Par exemple, il était attaché, en ce qui concerne le système monétaire international, au recours à un étalon matières premières. Cette idée n'est pas totalement à rejeter ; on en discute parfois de temps à autre, mais c'est très difficile à mettre en œuvre sur le plan international, et, à l'époque, il y avait peu de chance que cette idée puisse triompher.

Cependant, dans un grand nombre de domaines qui se réfèrent à ce que l'on peut appeler une politique de stabilité et de progrès, une politique qui ne soit pas simplement une politique conjoncturelle, mais qui s'efforce de réunir les conditions structurelles nécessaires au développement de l'économie, à l'amélioration du bien-être, au progrès social, Pierre Mendès France a développé un corps de pensée qui était rigoureux. D'ailleurs, pour un certain nombre de ceux qui appartenaient à son courant politique, ou au courant général auquel il se rattachait, il est apparu comme un orthodoxe. Il n'était pas un orthodoxe. Il savait que des conditions devaient être remplies ; je pense en particulier à la monnaie. Je me souviens d'une conversation que j'ai eue avec lui. J'étais à l'époque à la Commission des communautés européennes et je préparais le programme à moyen terme pour les pays de la Communauté. Nous avions une longue discussion avec les États membres sur le taux d'inflation que nous devions retenir dans ce programme à moyen terme. Nous étions arrivés à Bruxelles, à la suite de discussions entre les experts, et notamment entre les experts allemands et les experts des autres pays, à un taux d'inflation pour les années à venir qui serait compris dans la fourchette de deux à trois pour cent. Cela devait être vers 1968-1969 ; j'exposais cela à Pierre Mendès France parce que je le voyais de temps à autre. Il s'intéressait beaucoup à ce qui se faisait dans la Communauté. Il m'a arrêté tout de suite, et il m'a dit : « Monsieur Barre, vous avez tort de mettre une fourchette de deux à trois pour cent. Il faut choisir le taux zéro, parce que, si vous ne choisissez pas le taux d'inflation zéro, vous aurez une dérive, il faut toujours tenir compte de la dérive ; par conséquent, fixez l'objectif le plus rigoureux auquel tout le monde devra se tenir. »

Cela vous donne un exemple de la fermeté de ses vues, de ses convictions en la matière.

Vous aviez donc beaucoup d'entretiens avec lui.

Je l'ai rencontré à plusieurs reprises.

Vous étiez en Tunisie quand vous avez entendu parler de lui, quand il a fait ses expériences ?

J'étais en Tunisie pendant les quatre années malheureuses où la France a montré qu'elle n'avait pas de politique. Et j'ai quitté la Tunisie, l'université de Tunis, où j'enseignais, au lendemain du discours de Carthage. J'ai été particulièrement intéressé, et j'ai beaucoup soutenu l'expérience Mendès France.

Vous avez besoin de me dire parce que vous étiez rares.

Non, c'était surtout pour moi une grande tristesse de voir qu'il fut rejeté si rapidement. Je ne sais qui a dit qu'il n'y a pas d'entente possible entre le régime des partis et un homme politique de caractère. Eh bien, j'ai vu cela pendant cette période de notre histoire politique. J'ai vu également, avec regret, qu'en 1956 il quitta le gouvernement très rapidement. J'ai toujours eu une grande nostalgie d'une situation dans laquelle le général de Gaulle et Pierre Mendès France auraient ensemble conduit les affaires de la France.

Est-ce qu'il y avait de la place pour deux hommes comme ça ?

Je pense qu'il pouvait y avoir de la place, mais peut-être Pierre Mendès France a-t-il été, sur un certain nombre de points, inspiré par des idées qui étaient, en fait, les idées de la IIIe République.

Peut-être. Il idolâtrait le Parlement, mais pas les parlementaires.

Oui, mais il était né, il avait grandi pour ainsi dire, dans la vie politique de la IIIe République, en considérant bien sûr les bons principes de la IIIe République, pas ceux qui avaient fait sa faiblesse. Il lui était difficile d'admettre, notamment, l'élection du président de la République au suffrage universel. J'ai eu des conversations très intéressantes avec lui sur ce point. Mais pour en revenir à nos entretiens, nous avons, à diverses reprises, alors que j'étais à Bruxelles, parlé de l'évolution de la politique européenne, de l'économie française dans l'économie européenne, et j'ai toujours tiré grand profit de mes entretiens avec lui.

Est-ce que vous le tenez pour un Européen ?

Oui.

Malgré la CED ?

La CED était quelque chose de prématuré et, par ailleurs, la CED est quelque chose où le chef du gouvernement français s'est rendu compte d'une conjuration contre la France et d'une conjuration qui trouvait des partisans en France.

Je crois qu'il y a eu, à l'époque, une volonté de faire triompher à n'importe quel prix la Communauté européenne de défense, qui mettait en question un sentiment national d'autant plus ressenti qu'il s'agissait d'autoriser, par là même, de couvrir, de masquer le réarmement de l'Allemagne. Pierre Mendès France a préféré que les choses se fassent clairement, et, d'ailleurs, c'est à ce moment-là qu'il a introduit l'Union de l'Europe occidentale que nous voyons renaître aujourd'hui. Mais autant je crois qu'il est utile que le traité franco-allemand de 1963 ait été réactivé, autant je considère comme une décision capitale celle qui va être annoncée prochainement, un corps d'intervention franco-allemand, tout ceci n'a pas de rapports avec ce qui avait été, à l'époque, combiné, concocté, pour créer l'armée européenne.

Il a eu, là, le soutien discret du général de Gaulle...

Oui, mais je crois qu'à l'époque le général de Gaulle lui a dit que, dès que les problèmes seraient réglés, on le renverrait à ses chères études. Ce qui n'a pas manqué de se produire.

Et qui était consécutif à son attitude sur la CED.

Bien sûr. On ne lui a jamais pardonné cela. Or, je crois qu'il a pris une décision qui était tout à fait opportune. Il s'en est d'ailleurs remis à l'Assemblée nationale du fait de trancher le problème. J'ai quelques souvenirs de cette période. Il n'y avait plus de moyen d'en sortir. Les gouvernements tombaient toutes les six semaines, ou tous les deux mois, parce que le problème de la CED ne pouvait pas être résolu. Il a tiré l'épingle du pied de tous les gouvernements, et de toutes les majorités parlementaires à venir, et du MRP en particulier.

On lui a prêté, c'est d'ailleurs assez singulier, un nationalisme particulier, une crispation nationaliste anti-européenne.

Je ne le crois pas.

Pour l'héritage de De Gaulle, de la Résistance, de tout ce qu'il avait fait près de lui, etc. C'est l'époque où il y avait une grande communauté de vues avec le général. Avant 68, bien sûr...

Oui, mais on peut très bien être européen tout en ayant le sens national. Je ne crois pas, personnellement, que nous puissions, aujourd'hui, être nationalistes au point d'ignorer les nécessités de la coopération entre pays européens, l'importance qu'il y a de construire progressivement une Union européenne. Encore faut-il que ce soit une Union européenne dans laquelle nos nations puissent maintenir leur identité. Il est important que nos nations ne se dissolvent pas dans un magma qui n'aurait aucune signification pour les habitants des pays européens. Pierre Mendès France ne souhaitait pas, comme le général, une intégration supranationale qui fît disparaître les autorités légitimes d'un pays, et qui mette la France, comme les autres pays européens, à la merci d'institutions supranationales dont on savait bien par qui elles étaient inspirées.

> Pour être plus précis, pensez-vous qu'il aurait été prêt à des concessions sur la souveraineté ?

Je le pense. Pas n'importe lesquelles, mais je pense qu'il était capable de comprendre que dans un certain nombre de domaines il ne s'agissait pas de faire des concessions, il ne s'agissait pas de renoncer, il s'agissait de mettre en commun un certain nombre de compétences de manière à pouvoir les exercer d'une manière plus efficace, et de manière plus influente.

Et ne croyez pas que ceux qui ont été réservés à l'égard de certains développements de l'idéologie européenne dans le passé soient de mauvais européens. Quand on entend dire que le général de Gaulle ou Pierre Mendès France n'étaient pas des européens, je ne l'accepte pas. Ils avaient leurs idées comme tout le monde. Nous les prenons à une époque où ces idées étaient peut-être tout à fait justifiées.

> On dit simplement que le sens de l'État se confond parfois avec un sens, d'ailleurs très noble, d'un nationalisme crispé. C'est tout ce que l'on dit.

Oui, mais alors ceux qui disent cela, ce sont ceux qui ne veulent pas qu'il y ait un État. Or, comment voulez-vous, notamment en France, que nous puissions nous passer d'un État ? Sur ce point, Pierre Mendès France et le général de Gaulle se rencontraient. L'un comme l'autre avaient le sens de l'État, et souhaitaient que l'autorité de l'État puisse s'exercer.

> Comment le situez-vous parmi les personnalités du XXe siècle et de la France ? Par exemple, quelle différence voyez-vous avec certains hommes, comme l'actuel président de la République ?

C'est très différent. Je vous répondrai à la manière de Pascal que ce n'est pas du même ordre. L'ordre dans lequel s'est mû Pierre Mendès France était un ordre de convictions et de principes auxquels la démarche quotidienne de Pierre Mendès France a toujours été fidèle. L'actuel président de la République a une grande capacité d'adaptation aux circonstances ; je ne veux pas dire qu'il n'a pas de convictions, je serais le dernier à le soutenir. Simplement, la conquête du pouvoir a été, pour lui, plus facile que pour Pierre Mendès France, parce qu'il a fait passer ce que j'appellerai le pragmatisme et la souplesse d'adaptation avant ce qui était la rigueur de comportement de Pierre Mendès France.

> Est-ce qu'il y a une certaine affinité avec lui dans l'idée qu'on s'interdit parfois les voies du pouvoir par respect de certains principes ?

Je pense qu'il y a deux attitudes possibles à l'égard du pouvoir : ou on le veut de manière telle que, quelles que soient les circonstances, on le prend quand il peut être pris ; et puis il y a des cas où on estime que le pouvoir ne doit être conquis et ne doit être exercé que dans le cadre des principes et des convictions que l'on défend.

> Comment expliquez-vous qu'un homme qui se réclamait profondément de la gauche, qui brandissait son appartenance, son héritage, vous tenait dans une telle estime ? Sur quoi portait cette entente, ce triomphe sur les barrières ? Quelle sorte d'homme de gauche voyez-vous en lui ?

Je n'ai jamais vu en lui un homme de gauche dans le sens traditionnel et purement idéologique où l'on utilise ce terme. Pierre Mendès France était un républicain. C'était un homme qui avait le sens de l'État, le sens de la justice sociale, et qui, par ailleurs, était capable de comprendre les évolutions profondes de la société. De ce point de vue, il appartenait au parti du mouvement plutôt qu'au parti de l'ordre et du conservatisme, comme le général de Gaulle d'ailleurs. Pierre Mendès France savait qu'on ne peut pas opposer l'ordre au mouvement, que le vrai problème est de concilier les nécessités de l'ordre avec les exigences du mouvement. De ce point de vue, pour moi qui n'avais pas à l'époque en politique d'engagement partisan, il m'apparaissait comme un homme qui offrait une synthèse indispensable à la conduite des affaires de la France. Car je ne crois pas que la France puisse être dirigée par de purs conservateurs. Il faut dans certains cas être rigoureux, et la rigueur, ce n'est pas le conservatisme. On ne peut pas ignorer les progrès qui doivent être accomplis dans le sens de la justice. Cette capacité de synthèse dont je viens de parler explique que des hommes et des femmes venus d'horizons différents, ou non engagés sur le plan politique, ont trouvé dans ce que disait Pierre Mendès France une occasion de réflexion et une incitation à l'action. Je crois que c'est ce dont la France a besoin.

Comment expliquez-vous les attaques dont il a été l'objet ?

Parlons-en franchement. Il a été l'objet d'attaques par les tenants de l'antisémitisme. C'est courant en France. Il a commencé à être connu sur le plan politique dans les années 1936-1939. J'étais jeune, je me souviens de ce que publiait à l'époque *Gringoire*. Cette tendance antisémite a profondément marqué l'attitude de certains milieux à l'égard de Pierre Mendès France.

Et puis, il dérangeait. Les attaques dont il a été l'objet venaient du fait que, sur un certain nombre de points, il prenait des positions qui n'allaient pas dans le sens de ceux qui le considéraient comme appartenant à leur camp. Il n'était pas dépendant de conceptions toutes faites. Il n'était pas dépendant de combinaisons de parti ou d'état-major. Il avait, par ailleurs, trop de distance à l'égard des nécessités de la politique politicienne pour qu'il puisse bénéficier d'un soutien général. On a eu recours à lui lorsqu'il n'y avait plus moyen de faire autrement. Je me souviens très bien de l'appel à Pierre Mendès France ; la République en était à se demander qui pourrait effacer les ardoises. Il a effacé les ardoises et on l'a renvoyé.

La violence a été aussi du côté de Guy Mollet, des communistes...

Il était évident que les communistes ne pouvaient pas le tolérer, dans la mesure où le jour de son investiture à l'Assemblée nationale, il avait dit qu'il compterait les voix qui le soutiendraient à l'exception des voix communistes. C'était quand même une attitude extrêmement courageuse, surtout dans un Parlement, dans une Assemblée de la IVe République. Il avait beaucoup trop le sens de l'État qu'a incarné longtemps le Parti radical pour ne pas indisposer un Parti socialiste qui était plus porté au clientélisme. Donc, ceci s'explique à mon avis très bien.

Pour conclure, je voudrais vous demander comment vous le définiriez.

Ce qui m'a toujours frappé chez Pierre Mendès France, c'est l'attention qu'il portait aux autres. Je vous donnerai un exemple très particulier de cela.

La dernière fois où je l'ai vu, c'était le jour de la passation des pouvoirs au palais de l'Élysée, en mai 1981. Le président de la République élu, M. Mitterrand, a été reçu par le président de la République sortant. Je me trouvais là pour saluer le nouveau président de la République. J'étais Premier ministre démissionnaire et je gérais les affaires courantes. J'ai attendu la fin de l'entretien entre les deux présidents pour saluer le nouveau président de la République, et au moment où j'ai quitté le palais de l'Élysée, Pierre Mendès France arrivait pour la cérémonie officielle. Je l'ai salué, il est venu à moi avec beaucoup de gentillesse, avec le charme qui était le sien, et il m'a dit simplement : « Eh bien ! j'espère vous voir un jour prochain ! »

Si vous vous souvenez de ce qu'était l'état d'esprit à cette époque, vous verrez tout de suite ce qu'était la gentillesse de Pierre Mendès France.

Et l'indépendance !

Et l'indépendance, bien sûr.

Simon Nora

Fils d'un prestigieux chirurgien parisien, leader d'une des premières promotions de l'ENA après avoir combattu dans la Résistance, il fut l'un des membres les plus actifs du « brain trust » du cabinet Mendès France, avant de devenir l'inspirateur, avec Jacques Delors, de la « grande société » du Premier ministre Chaban-Delmas. Si jamais quelqu'un mérita le qualificatif de « mendésiste »...

Jean Lacouture : Quand l'équipe de Pierre Mendès France — dont vous faites partie — accède au pouvoir le 19 juin 1954, vient-elle là pour une très belle mais très brève mission de sacrifice, sans illusion sur la durée ? Ou bien aviez-vous l'espérance de pouvoir développer une stratégie à moyen terme ou à long terme ?

Simon Nora : L'arrivée de Mendès au pouvoir est un accident. Sans le piège dans lequel la majorité s'était enfermée (CED, guerre d'Indochine dramatisée par les événements de Diên Biên Phu), jamais la classe politique n'aurait investi Mendès. Mais accédant au pouvoir, je ne crois pas qu'il se soit posé la question de sa durée. Il était prêt : il se tenait à chaque instant informé des conditions dans lesquelles il pourrait prendre les commandes.

A partir de là, le chef du gouvernement a été pris par les urgences, mais avec le sentiment que, dans son style de gouvernement, dans son mode de prise de décisions, dans sa technique de communication, il fallait qu'il soit exemplaire, qu'il laisse une marque. Il y a, semble-t-il, réussi puisque, quarante ans après, vous venez m'interroger à ce propos...

> Vous avez parlé de prises de décision. Dans l'équipe Mendès France, comment se prenait une décision ? Était-il un homme très autoritaire, très personnel ? Avait-il l'esprit d'équipe ?

Mendès a été un excellent preneur de décisions : il prenait des décisions comme un homme d'État.

Tout homme au pouvoir passe son temps à décider. Mais je fais une distinction fondamentale entre des décisions d'hommes politiques et des décisions d'hommes d'État. Les premières sont des réponses de circonstances, uniquement destinées à minimiser les inconvénients d'une prise de position, et principalement à les minimiser pour soi-même.

Un homme d'État, c'est un homme qui a une vision du monde, qui a un horizon, qui a une direction fondamentale. Ses décisions n'ont de signification et de cohérence que par rapport à cette vision, à cet horizon. Ce qui n'exclut pas les ruses qui peuvent s'avérer nécessaires pour contourner les contraintes, mais implique une culture et une morale.

Prenait-il ses décisions en solitaire ? Les bonnes décisions s'enracinent dans une culture lentement accumulée ; mais elles reposent sur une information fraîche et de bon aloi. Mendès possédait ces deux atouts.

Son long éloignement du pouvoir, sans émousser sa curiosité intellectuelle, lui avait laissé le temps d'acquérir une vision très structurée du monde et du rôle de la France.

Mais il avait aussi constitué un réseau national et international d'informateurs, tout à fait inhabituel pour un homme politique. Il était un des rares hommes publics à avoir une image mondiale d'économiste et de politologue.

Travaillait-il en équipe ? Oui, beaucoup. C'est-à-dire qu'il avait son réseau de confiance ; et, à l'intérieur de ce réseau, il écoutait beaucoup. Mais il décidait seul. Autant il était ouvert pendant la période d'information, écoutant vraiment, tenant compte des arguments qu'on lui donnait, autant, une fois qu'il avait forgé sa conviction, il était difficile de l'en faire démordre. Son obstination ne lui a pas fait que des amis !

> La décision prise et l'action engagée, une préoccupation très importante de Mendès France, c'est bien la communication, ce que l'on pourrait appeler la pédagogie démocratique ?

Oui, Mendès savait « communiquer ». Il est resté comme un des hommes qui ont su mobiliser l'opinion dans le sens de ce qu'il voulait faire : ses causeries du samedi sont restées célèbres.

Cet art de la persuasion reposait notamment sur un langage accessible. Mais il faut comprendre qu'une communication ne touche le grand public que s'il y a une crédibilité du messager et s'il y a une cohérence du message.

Or la crédibilité du messager, ça ne s'improvise pas. C'est une longue conviction, fortement enracinée dans un tempérament, dans une vue du monde, et que l'on a maintenue au cours des années, à un point tel que l'on a payé pour elle, fût-ce de l'isolement qu'a connu Mendès pendant toute une période. Un homme qui a été écarté du pouvoir pour ses convictions, qui, après coup, apparaissent justifiées, est crédible quand, revenant aux affaires, il tient le même langage.

Et ce langage est crédible s'il est cohérent, c'est-à-dire si en fin de compte les contraintes qu'implique telle ou telle décision sont reliées à cette conviction, à un avenir clairement dessiné.

> Ce qu'il y a de paradoxal dans le cas de Pierre Mendès France, c'est qu'ayant bâti sa réputation d'économiste de stature internationale, il arrive au pouvoir pour régler des affaires essentiellement diplomatiques, et du coup abandonne l'économie aux mains d'un homme de valeur, Edgar Faure, mais qui sur l'économie a des idées fort différentes des siennes. Comment concilier les convictions économiques de Mendès et l'« interprétation » qu'en donne Edgar Faure ?

Poser le problème de ses rapports avec Edgar Faure, c'est poser plus fondamentalement la question de la capacité qu'il a eue, en quelques mois, de faire passer un message économique.

C'est vrai que Mendès était un économiste et c'est vrai qu'il est revenu aux affaires sur des problèmes de politique étrangère ou coloniale.

Il a mis Edgar Faure aux Finances parce qu'il était fidèle à de vieux souvenirs : le couple Edgar et Lucie Faure a manifesté à Mendès pendant l'Occupation, et notamment lors de sa prison, une fidélité courageuse. S'agissant de son gouvernement, Mendès a eu très peu de temps. Une politique économique demande des années pour porter ses fruits. Il n'en reste pas moins qu'il a fait au gouvernement les choix fondamentaux, à partir desquels se dessine ce qu'aurait été une grande politique économique, si elle avait eu le temps pour elle.

Je m'explique. Nous sommes très proches de la guerre, très proches de la période de reconstruction, et le vrai choix qui se pose à cette époque, c'est de savoir si nous sommes mûrs pour entrer dans le Marché commun, mûrs pour ouvrir les frontières, mûrs pour décontingenter, ou si la France est encore trop malade pour supporter le vent du large. C'est à Genève, je m'en souviens, que cette discussion essentielle a eu lieu avec lui. Il a eu une hésitation : il n'était pas unilatéral dans le diagnostic, ni dans le pronostic. C'est après mûre réflexion qu'il a fait son choix. Les scléroses de l'économie française, la frilosité protectionniste étaient telles que, faute d'une forte pression pour les balayer, la France ne bougerait pas. D'où le choix de l'ouverture. Les premières mesures de décontingentement importantes ont été prises alors, sous son impulsion.

Mais il était conscient aussi qu'on ne pouvait pas laisser le pays trop pâtir de ce choc : il a donc mis sur pied très rapidement une politique d'aide à la reconversion industrielle, sectorielle, régionale, visant à éviter aux régions et aux travailleurs les souffrances résultant de cette mutation.

Il y avait là les prémisses d'une politique qui a développé ses effets dans les années qui ont suivi. Il a pris un tournant.

La politique budgétaire qu'il a menée a amorcé le dégonflement des dépenses militaires, reportées sur des opérations de reconversion et de stimulations des politiques régionales.

> Dans tout cela, quel est le rôle d'Edgar Faure ? Y avait-il accord entre eux sur cette stratégie ? Edgar Faure fut-il un simple exécutant ?

Je crois qu'Edgar Faure était plus sensible à l'aspect libéral de cette politique qu'à son aspect volontariste ; ce qui s'est traduit, d'ailleurs, par le fait que, très peu de temps avant la chute du gouvernement, Mendès l'a remplacé par Robert Buron.

> Il y a un point sur lequel le très fidèle que vous êtes a eu, sinon un désaccord au moins une différence d'appréciation avec Pierre Mendès France, c'est la CED, la Communauté européenne de défense.

Il y avait effectivement sur cette affaire une différence de sensibilité entre Mendès et certains de ses amis comme moi, encore sous le coup de la guerre.

Sans être du tout anti-européen, je considérais que faire l'Europe en commençant par le réarmement allemand risquait de compromettre l'Europe. J'étais donc plus hostile à la CED que ne l'était Mendès.

Je suis convaincu que si les extrémistes de la CED n'avaient pas trompé les partenaires européens de la France, en leur faisant croire qu'il y avait une majorité au Palais-Bourbon pour la CED telle qu'elle était, ceux-ci auraient fait des concessions qui auraient permis à Mendès de faire admettre une CED rénovée.

Une mauvaise information donnée notamment à Spaak et à Adenauer par un certain nombre de « cédistes » excités a bloqué la négociation et fait éclater la vérité : il n'y avait pas de majorité pour la CED à la Chambre.

> Mais s'il a voulu poser le problème de la CED devant la Chambre, n'est-ce pas parce qu'il savait que la Chambre trancherait en ce sens ?

Non. S'il y a été contraint, notamment pour des raisons de calendrier, il était surtout conscient que la France se déconsidérerait en ayant lancé l'idée de la CED sans la concrétiser. Il jugeait que la « valse hésitation » des précédents gouvernements était plus préjudiciable à la France qu'une position positive ou négative, mais enfin claire.

Une fois de plus, il a débridé un abcès.

> Ceux qui étudient l'histoire de la gauche française sont intrigués par l'antipathie, je dirais presque la

haine, que les communistes ont constamment manifestée à l'égard de Pierre Mendès France qui était, d'une autre façon, aussi un des symboles de la gauche et de la résistance après la Seconde Guerre mondiale. Qu'est-ce qui, pour vous, fonde cette antipathie, cette animadversion des communistes à l'encontre de Pierre Mendès France ?

Une raison de fond, et une raison circonstancielle.

La raison de fond est qu'il n'y a rien au monde que les communistes détestent autant qu'un homme susceptible de capter une partie de leur clientèle. Ainsi, tout homme de gauche susceptible de se faire entendre des électeurs communistes à partir de positions différentes de celles de l'appareil du Parti est un ennemi.

Les communistes préfèrent de beaucoup travailler avec des gens plus souples, plus complaisants, même s'ils sont beaucoup plus à droite, qu'avec des hommes de gauche susceptibles de concurrencer leur propre fonds de commerce.

La raison circonstancielle tient au fait qu'on ne pouvait faire la paix en Indochine avec une majorité dans laquelle les communistes, alliés déclarés du Vietminh, auraient constitué un élément déterminant, Mendès a délibérément exclu les élus du PCF de la majorité parlementaire qu'il voulait rassembler. Devoir son existence aux voix communistes le disqualifiait comme négociateur face au Vietminh.

Il a eu suffisamment de voix pour pouvoir se passer de celles des élus du PCF qui ont, du reste, voté pour lui, mais qui ont fait mine de se croire ainsi rejetés hors de la communauté nationale, et ne lui ont pas pardonné.

> Cette hostilité s'est encore manifestée tout à la fin de la carrière de Pierre Mendès France, quand il a été question de faire de lui le candidat de l'ensemble de la gauche à l'élection présidentielle en 1965. Pourriez-vous commenter cet épisode ?

Il confirme ce que je viens de dire : les communistes sont susceptibles de voter pour un Edgar Faure, mais pas pour un Mendès France...

Mais permettez-moi de revenir en terminant sur le rapport entre Mendès et la communication, parce qu'il s'enracine fondamentalement dans sa conception de la démocratie. Il pense que lorsqu'un problème se pose au pays on peut le lui expliquer : pensée politique, pas du tout technocratique. Il pense aussi que quand on lui explique un problème, le pays est capable de le comprendre : conception non élitiste. Il pense qu'on peut s'adresser à chaque citoyen, qu'on peut s'adresser à la raison de chaque citoyen.

Autrement dit, il a une conception de la communication fondée moins sur le spectacle ou sur l'émotion que sur une capacité de conviction fondée sur la raison; parce qu'il pense qu'en fait dans chaque homme il y a un citoyen. C'est le contraire d'une communication à partir d'une vision catégorielle. Elle ne s'adresse pas aux agriculteurs, aux employés de la RATP ou aux dockers, mais à la raison de chaque citoyen.

Ce n'est pas une conception « XXe siècle » de la communication, c'est une conception du XVIIIe siècle, fondée sur les Lumières et la Raison.

Au fond, si je résumais mon point de vue sur Mendès communicant, je dirais que c'était à la fois un homme du XVIIIe siècle, du siècle de la Raison et des Lumières, et du XXIe siècle, dans la mesure où il s'adressait aux citoyens par les techniques les plus modernes de l'époque, et à partir de l'information la plus pointue, transformant les arguments les plus complexes en arguments politiques susceptibles de mobiliser l'opinion publique prise dans son ensemble.

C'est peut-être une conception un peu « ringarde » de la communication, mais je considère que c'est la seule vraiment démocratique.

Claude Cheysson

C'est à Genève, où il était l'adjoint du chef de la délégation française à la Conférence de paix en Indochine, qu'il devient l'augure du chef du gouvernement français pour les affaires d'Asie, prenant une part très active à l'accord de Genève de juillet 1954, et à la définition de la nouvelle diplomatie française aspirant à se libérer des schémas et des carcans de la guerre froide.

JEAN LACOUTURE : Peut-on dire qu'en arrivant à Genève, à la fin de juin 1954, Mendès France crée un fait totalement nouveau par rapport au cours de la négociation déjà engagée sur l'Indochine ?

CLAUDE CHEYSSON : Avant même d'aller à Genève, Pierre Mendès France annonce une négociation complètement différente de celle qui est engagée depuis plus de deux mois.

Il déclare au Parlement : « Si dans un mois, le 20 juillet, on n'a pas traité, nous reprenons la guerre, j'envoie le contingent, et nous nous mettons en position de force pour écraser le Vietminh. »

Quand il menace d'envoyer le contingent, d'accentuer l'effort de guerre, Mendès lance un avertissement aux Chinois, aux Soviétiques. On entre donc dans un jeu totalement différent, où la position du Vietminh devient presque accessoire, parce que Molotov est bien décidé alors à ce que l'on conclue, de même que Chou En-lai, sur le conseil d'alliés asiatiques auxquels il tient, reconnaît qu'il faut arrêter cette affaire d'Indochine.

Mendès ouvre donc un champ diplomatique complètement nouveau qui va permettre de conclure dans le délai qu'il avait fixé. Cela apparaîtra très clairement la dernière nuit, quand Pham Van Dong acceptera le compromis sous la contrainte physique de ses partenaires russes et chinois, en raison de la menace d'une intervention américaine dans la région, qui aurait été déclenchée s'il n'y avait pas eu d'accord à Genève. Mendès a su se mettre en position de force.

Cet ultimatum du faible au fort est une des initiatives les plus étonnantes de l'histoire contemporaine.

> En quoi et pourquoi la personnalité de Mendès s'impose-t-elle avec tant de force dans cette conférence d'hommes d'États internationaux de grande envergure comme Molotov, Chou En-lai, Eden et les Américains ?

Mendès a pris des positions au niveau international que les Américains connaissent bien, et, en particulier, toutes ses thèses économiques telles qu'elles ont été développées dans les grandes enceintes internationales, telles qu'elles le seront plus tard à l'ONU, sont connues des Américains. Ce qui compte.

Mais surtout, je crois que nos alliés comme nos adversaires se rendent bien compte que si contre toute attente la France fait appel à Mendès, cet homme qui n'a pratiquement pas de parti politique derrière lui, qui est insupportable à beaucoup, c'est parce qu'elle est décidée à conclure, ou qu'elle est prête au pire. Donc, qu'il faut le prendre au sérieux. Mendès, sa silhouette, son attitude pendant la guerre, ses positions depuis la guerre font qu'il faut prendre ça au sérieux.

> A Genève, Mendès, à la différence de ses prédécesseurs, a su négocier directement avec le Vietminh, même si l'on considère comme vous la pression des Russes ou des Chinois déterminante. Mais une fois qu'il a fait prévaloir une solution tolérable pour tout le monde, on a l'impression qu'il abandonne le Nord-Vietnam, qu'il le met sur la touche, qu'il ne s'y intéresse plus. Cela est dit souvent par les Nord-Vietnamiens eux-mêmes : « Mendès a fait la paix, c'est vrai, dans l'intérêt de la France, mais après il nous a abandonnés. » Que répondre à ça ?

Formellement, la conférence de Genève, on ne le sait pas assez, n'aboutit qu'à un accord militaire. Ce sont les généraux, de part et d'autre, qui signent l'accord de cessez-le-feu permettant le repli des forces, la concentration sur deux zones au Vietnam.

Des déclarations d'intention sont faites en même temps dans la déclaration finale qui prévoient une unification du pays sous couvert d'une élection générale libre qui doit avoir lieu deux ans plus tard. Mendès est alors bien décidé à appuyer la reconstruction du Vietnam dans le cas d'une unification dont personne ne doute qu'elle sera à l'avantage de la « République démocratique du Nord-Vietnam ».

Il décide donc que nous apporterons un appui direct important au Nord-Vietnam, où il envoie Jean Sainteny avec des instructions (que je connais bien puisque j'ai participé à leur rédaction) très fermes dans le sens du soutien de la France. J'affirme catégoriquement que c'est bien là l'intention de Mendès.

Suit une pression américaine sur la France pour que nous continuions à appuyer le Sud-Vietnam. Nous l'acceptons également. Suit surtout le fait que Mendès, à partir de ce moment, a d'autres priorités. Or, nous savons que Mendès traite les problèmes un par un. Celui auquel il donne la priorité est traité par lui personnellement, et cette volonté de progresser sur ce point occulte tout le reste : c'est alors la Tunisie (il va à Carthage dans les jours qui suivent la conférence de Genève), puis la reconstruction économique de la France.

Ajoutez les difficultés qui s'élèvent par rapport aux Américains qui s'opposent à ce que Paris tente d'équilibrer leur politique au Sud-Vietnam par une présence au Nord-Vietnam. Mendès juge cet affrontement sans issue. Opportunisme ? Je le reconnais. Sans renier notre déclaration d'intention, et tout en demandant à Sainteny de rester sur place, parce qu'il a une valeur symbolique, il est vrai que nous abandonnerons pratiquement le Nord-Vietnam.

Quelques mois après le règlement de Genève, Pierre Mendès France se rend aux États-Unis, et il prononce aux Nations unies un discours qui est une sorte de programme général de paix proposé à tous sur le plan international. Est-ce que l'on peut revenir sur ce voyage, les conditions et les résultats de ce voyage aux États-Unis, et précisément à New York ?

Quatre mois après la conférence de Genève, Mendès est reçu à Washington pour parler (un peu) de l'Indochine, et beaucoup plus de l'économie mondiale. De là, il va aux Nations unies, où sa volonté de poser les problèmes de stratégie mondiale est encore renforcée par le côté très négatif des rencontres de Washington. Il définit sa conception du monde et la place de la France dans ce monde. Il prétend que chaque partie du monde, que chaque culture, chaque identité puissent s'affirmer en coopération les unes avec les autres, et dans le respect de chacun, notamment des pays sous-développés, et dans chaque société des classes abandonnées (on n'emploie pas encore l'expression d'« exclus », mais c'est bien de cela qu'il s'agit).

C'est un discours très important face aux Américains impérieux, pour ne pas dire impériaux, qui viennent de le recevoir à Washington et proposent une tout autre construction du monde que Reagan affirmera plus tard mieux encore que Dulles à l'époque. Il vaut à Mendès, et par lui à la France, un prestige considérable dans le monde.

Peut-on parler de stratégie pré-gaullienne ?

Pré-gaullienne ou post-gaullienne. Après tout, le général de Gaulle a bien été inspiré par le même genre de motivations.

Michel Rocard

Qu'on voie ou non en lui le « fils spirituel » de l'auteur de La République moderne, *Michel Rocard porte comme la marque ou les couleurs d'un mode de pensée et d'action où le « parler vrai » s'assortit du respect des données réelles de l'économie et d'un volontarisme fortement argumenté. Quand il revendique cet « héritage », il peut être écouté...*

JEAN LACOUTURE : Comment le jeune Michel Rocard, l'étudiant socialiste, est-il saisi, happé par Pierre Mendès France ?

MICHEL ROCARD : Par le panache qu'il a mis à faire la paix en Indochine, par les conditions de son arrivée à la présidence du Conseil des ministres, par ce premier mois extraordinaire, marqué par la fin de la guerre d'Indochine, y compris la cérémonie de l'arrêt des horloges !

Militant de la SFIO, secrétaire parisien des étudiants socialistes, c'est alors que je me suis engagé dans mon combat mendésiste, sous un Guy Mollet et dans un appareil de parti qui ne l'aimaient pas beaucoup.

Vous voilà donc conquis d'emblée par le règlement indochinois à Genève ?

Absolument.

Vous avez employé le mot de « panache », qui n'est pas si souvent employé à propos de Pierre Mendès France. On parle plus souvent de sérieux, de fermeté. « Panache », c'est pourtant un mot qui vient bien, ici...

et qui qualifie bien cet épisode-là... Mais mon amitié, ma fidélité politique se fondent sur d'autres raisons. Pierre Mendès France se méfiait du « panache » dans l'action courante.

L'action publique consiste de préférence à faire ce que j'appelle de l'arboriculture, à organiser progressivement l'évolution des structures, des mentalités, l'évolution des hommes dans la gestion du service public, dans la diplomatie, dans le prélèvement de l'impôt, plutôt qu'à faire du flamboyant, à produire le spectacle à quoi nous sommes de plus en plus voués aujourd'hui, ce qui est une catastrophe.

Pierre Mendès France haïssait cela. Il en sentait tous les dangers, refusant de façon presque systématique le panache. Mais cela ne peut pas laisser oublier l'éclat de ce premier mois, cette paix en Indochine, les conditions dans lesquelles elle s'est faite, juste après le désastre de Diên Biên Phu...

Comment un dirigeant des Jeunesses socialistes juge-t-il par ailleurs ce gouvernement, la politique économique d'Edgar Faure qui n'est pas particulièrement socialiste, les manifestations d'opportunisme qui ont émaillé ces sept mois ?

Opportunisme ? J'étais assurément un jeune socialiste, mais enfin j'étais surtout un jeune Français : le gouvernement de Mendès France, c'est la restauration de notre honneur à tous. Les Français ont retrouvé par des actes, le courage mis à les accomplir (je pense à l'apaisement de la Tunisie, à la bataille contre le privilège des bouilleurs de cru), un certain nombre d'engagements symboliques, qui leur ont rendu la fierté d'être des citoyens de ce pays. J'étais socialiste, je le reste complètement, ce qui ne m'empêchait pas d'avoir la nostalgie de la fierté nationale, qui me manquait, considérant l'œuvre des gouvernements brefs et sans message qui l'avaient précédé.

D'ailleurs, Pierre Mendès France avait offert à la SFIO de participer à son gouvernement. Quand certains hommes de la SFIO, dont son secrétaire général de l'époque, Guy Mollet, tentaient de nous faire croire que Pierre Mendès France n'avait pas de conscience sociale, pas de fibre populaire, nous savions tous que c'était un mensonge et nous étions scandalisés. Pour nous, il était des nôtres.

Sur l'Algérie, vous vous êtes engagé très vite, surtout pour un militant du parti de Guy Mollet. N'avez-vous pas été un peu déçu par le relatif immobilisme de Mendès ?

Si, bien sûr, un peu. Mais nous étions des observateurs assez attentifs et assez bienveillants pour deviner quelque chose que je comprendrais encore mieux dans la suite mais qui était déjà évident : c'est qu'on ne fait pas tout à la fois, et que le travail d'un président du Conseil des ministres ou d'un Premier ministre est quelque chose d'absolument terrifiant. Il n'y a jamais que vingt-quatre heures dans une journée. On ne traite pas absolument tous les sujets. Et plus on veut couvrir de sujets, plus il faut faire confiance à d'autres, déléguer. Or, qu'il s'agisse de l'Indochine, de la Tunisie, de l'Algérie, de la politique agricole, du déblocage de la Communauté européenne de défense, du lancement des travaux préparatoires de ce qui allait devenir le traité de Rome (qu'il a d'ailleurs combattu à la fin) et de la mise en place des accords de Paris, il n'a pas eu le temps d'assurer le « suivi » de ses initiatives.

Son bilan d'activités pour sept mois et dix-sept jours est tout de même gigantesque. Mais c'est vrai que Pierre Mendès France n'a pas eu le temps de prendre en charge le dossier algérien.

Il avait déjà sur lui l'usure de bien des choses faites. Au Parlement, vous le savez, il était menacé. On peut donc comprendre sa relative prudence. Mais c'est gravement dommage, il est vrai. Ça ternit un peu l'image de son gouvernement.

> A quand remonte votre première rencontre, matériellement ?

Je ne saurais plus dire exactement. Sûrement pas au moment où il était président du Conseil, mais assez vite après. Je me souviens d'avoir convié Simon Nora, son proche collaborateur, à venir parler de cette expérience gouvernementale aux étudiants socialistes de Paris. Ce fut un grand moment et tout cela s'est terminé par une audience qu'a bien voulu accorder Pierre Mendès France au tout jeune que j'étais. J'étais déjà prêt à lui être fidèle, ma détermination en a été affermie...

Au moment de la création du PSU pensiez-vous pouvoir attirer Mendès France vers ce petit parti ? N'était-il pas un trop gros poisson pour votre nasse ?

Le problème s'était posé plus tôt, au moment de la création du PSA (Parti socialiste autonome), produit éphémère de la scission intervenue en septembre 1958, au cours du 50e congrès de la SFIO. Cette scission a été provoquée par les dirigeants les plus hostiles à la politique algérienne de Guy Mollet, et à l'acquiescement à la Constitution de la Ve République, avant qu'il s'avérât que de Gaulle était finalement un démocrate malgré les conditions de son retour au pouvoir. C'est autour d'Édouard Depreux, Charles Lussy, Robert Verdier et Alain Savary que nous avons créé ce Parti socialiste autonome qui a vécu dix-huit mois jusqu'à sa fusion en avril 1960 avec l'ancienne Union de la gauche socialiste, un courant des chrétiens progressistes et un autre venu du communisme, conduit par Jean Poperen. Lors de la création du PSA qui groupa d'emblée seize parlementaires, tout le monde ne pensait qu'à Mendès France. Il nous a rejoints au printemps suivant, en 1959, prononçant un admirable discours à la Mutualité de Paris. Dans une démarche à la Jaurès ou à la Blum, venue de l'humanisme et du respect des idéaux de la République, il nous confia que c'est l'approfondissement de la signification sociale de la République vers le peuple, qui l'avait conduit à choisir la voie socialiste.

Il en donnait comme justification une sorte d'autocritique de son gouvernement, disant : « La France est hérissée de pôles conservateurs, de bastilles. J'ai longtemps pensé qu'il fallait les réduire une à une. Je m'aperçois maintenant que c'est un combat central, que ces bastilles sont reliées les unes aux autres, que l'adversaire est global. Et c'est pourquoi je choisis le socialisme. »

J'étais naturellement dans la salle et nous avions tous chaud au cœur.

Comment mesurer votre rôle dans ce ralliement ?

J'étais très jeune. C'est plus tard que j'aurai sur lui un peu d'influence. A ce moment-là, c'est plutôt Alain Savary, Robert Verdier et Daniel Mayer, des hommes qu'il connaissait bien, des parlementaires avec lesquels il avait beaucoup travaillé, qui l'ont attiré vers le socialisme.

N'était-ce pas un assez mauvais militant, rétif à la vie de tout parti politique ?

On ne peut pas le dire tout à fait comme ça. D'abord membre du PSA, donc, et il est resté membre du PSU de la fondation de ce parti, en avril 1960, à juin 1968. Il a mis un point d'honneur à se plier à la discipline, de façon exemplaire, y compris en avalant quelques couleuvres doctrinales. Je me souviens d'une bataille à propos de la spéculation foncière où il préconisait la solution la plus énergique : il était pour la municipalisation des sols, alors que je souhaitais un mécanisme plus marchand, à la scandinave, une forte taxation qui pousse à la vente. C'est moi qui l'ai emporté : il s'est incliné avec une abnégation totale...

Il était très loyal aussi dans la discipline électorale, jusqu'à l'élégance vis-à-vis de l'organisation, mais il nous a toujours posé un problème affreux, parce qu'il refusait obstinément de participer aux organes directeurs : lui qui était le plus illustre d'entre nous refusait d'être membre, non seulement de l'exécutif du Bureau, mais même du législatif qui chez nous s'appelait Direction politique nationale.

Mais je ne laisserai pas dire que c'était un mauvais militant. Il était très fidèle, il était très accueillant. Il recevait beaucoup. Les militants de sa circonscription de Grenoble avaient audience ouverte chez lui, sans préavis. Non, c'était un admirable militant, mais à sa façon.

Il n'aimait pas beaucoup les partis politiques, c'est vrai. Et peut-être est-ce son unique vraie faiblesse. Parce qu'enfin il n'y a pas de vie politique sans organisations et sans structures, et même si ces structures sont, en règle générale, peu sympathiques (je suis payé pour le savoir et pour vous le confirmer...), il reste qu'on ne fait pas sans.

Et d'ailleurs, la manière dont je me conduis vis-à-vis des structures doit beaucoup à mon maître et ami Mendès France, par antiphrase. C'est sur ce point-là qu'il m'a semblé que son exemple méritait correction, sur ce seul point. Sur les autres, il est indiscutable.

Il y a deux types d'autorité, au fond. Celle que l'on a sur les choses, sur les dossiers, sur l'environnement, la fiscalité, l'équilibre social du pays. On traite des problèmes. Et les vrais grands, qu'il s'agisse de Clemenceau, de Poincaré, de Churchill, de De Gaulle, de Mendès France, c'est ça qu'ils aiment faire : transformer une société en fonction d'une vision qu'on en a.

Il y a un autre aspect du pouvoir qui est le commandement sur les hommes. C'est cela qui fournit des satisfactions psychiques bizarres à quatre-vingt-quinze pour cent de la profession. Car la vraie satisfaction du commandement sur les hommes est moins dans le pouvoir de promouvoir ou de gratifier que dans celui d'humilier. Et ça, Mendès France le savait, ça lui répugnait autant qu'à moi. C'est là sans doute la cause de son rejet des organisations politiques.

Mais il a commis l'erreur de pousser ce dégoût de certaines façons d'exercer le pouvoir jusqu'au rejet même du principe de l'organisation collective en politique. Et ça, c'est une faute qui est d'ailleurs à l'origine de sa mort politique, du fait que son destin public a tourné court.

Il a commencé à s'intéresser au Parti radical après avoir perdu la présidence, alors que toute l'intelligentsia parisienne était prête à aller faire des fiches et à aller animer des séminaires de formation. Il a dit non, et il s'est aperçu de son erreur le surlendemain de sa chute. Nous, on en était un peu meurtris.

Peut-on dire que Mai 68 est le moment où les choses se nouent intimement entre vous ?

Oh non, c'est bien avant. Il était membre du PSU dès avril 1960, moi aussi. Je suis devenu secrétaire national de ce parti en 1967 avec sa pleine approbation et son chaud soutien. Mais auparavant, j'avais eu pendant quatre ans la responsabilité de la formation des cadres de l'organisation.

Il acceptait souvent de prendre part aux stages de formation (vous voyez que ce n'était pas un si mauvais militant !). Ce qui lui plaisait mieux que le débat politique pour définir les positions. Nous étions très liés dès ce moment.

C'était un personnage un peu encombrant, plutôt têtu, et dont les convictions n'étaient pas faciles à ajuster, quand il avait pris un parti, pour le jeune secrétaire national du PSU...

Mai 68 ? Ce fut au contraire entre lui et moi une période un peu difficile parce que nous nous sommes trouvés intellectuellement à fronts renversés. Il nous disait : « Ne perdez pas votre temps avec ce régime : le gaullisme, né de la rue, mourra par la rue. » Et nous étions nombreux, moi entre autres, à lui dire : « Mais, Président, ce n'est pas vrai, le peuple français a ratifié la Constitution, il a élu à diverses reprises les Chambres et maintenant le président de la République lui-même au suffrage universel, c'est légitime. » Et puis voilà Mai 68 qui explose.

Je me revois encore lui disant, avec la majorité du Bureau du PSU : « Bien, Président, vous avez peut-être raison, le gaullisme va peut-être mourir de la rue. Mais alors, est-ce qu'on y prête la main ? » En fait, notre souci a été très vite de mettre fin à la folie qui entourait tout cela.

Mai 68 fut une explosion poétique de demande de parole, de demande de reconnaissance et de dignité, d'abord des étudiants qui se sentaient manipulés et ne savaient pas à quoi rimait le savoir qu'on leur transmettait de manière quelque peu ancestrale ou magistrale, et qui se sentaient négligés par cette société.

En rejoignant le mouvement, la classe ouvrière ne formula pas de revendication de salaire précise. C'était de sa part aussi une revendication de dignité, de droit à la parole sur les lieux de travail. C'était très clair.

D'emblée, nous avons fait obstacle à la violence qui nous faisait horreur. Mais nous étions parfois débordés. Il y a des fous partout, certains trotskistes, des maoïstes qui devenaient dangereux. Les fins de manifestations devenaient brutales.

Le PSU était, de loin, la principale des organisations participant au mouvement. Secrétaire national, j'avais comme souci principal qu'il n'y ait pas d'incident, pas un blessé, pas un mort. Si en accord qu'il fût avec ces objectifs, Pierre Mendès France, au fond, refusait d'entrer dans la compréhension de ce mouvement de la rue.

Peu de périodes de notre histoire, pourtant, ont été aussi peu violentes en fin de compte. J'ajoute, pour le cas où mon propos surprendrait, qu'un an et demi après les événements, l'un de mes bons amis a entendu cette confidence d'un de ses beaux-frères :

« Ah ! qu'est-ce que j'ai rigolé pendant cette période, moi j'étais dans les brigades spéciales de la police parisienne : je suis sûr que nous avons brûlé plus de voitures que les manifestants ! »

Il faut avoir ce type de détail dans la tête pour juger toute la période.

A l'époque, nous nous en doutions, ne comprenant pas qu'autant de manifestations finissent mal et que tant de voitures brûlent. Ça ne collait pas, même avec Krivine, capable parfois de brutalité politique, mais plutôt homme d'ordre.

Le refus de Mendès France d'entrer dans un dialogue actif et compréhensif avec les jeunes nous a plutôt opposés à ce moment-là, notamment un vendredi soir, le 25 ou le 26 mai, où une manifestation se termina mal parce que la police avec laquelle nous avions négocié le dispositif finit par recevoir des ordres contradictoires et s'y opposa. D'où une cinquantaine de blessés à l'hôpital, la colère de Jacques Sauvageot, qui au nom de l'UNEF annonça par radio une contre-manifestation pour le lendemain.

J'ai appelé Sauvageot au téléphone : « Tu veux des morts ? Tu es complètement cinglé. » J'ai obtenu qu'il revienne sur cet ordre. Nous avons passé toute la journée du samedi à chercher les formes d'une protestation, qui était nécessaire. C'est ce qui a donné naissance à la manifestation dite du stade Charléty, que j'ai organisée intégralement et qui n'avait d'autre objet que de donner la parole à Pierre Mendès France.

Il n'a pas voulu. Non seulement il n'a pas voulu prendre la parole, mais il a voulu y aller. C'est-à-dire que l'on a dû résoudre tous les problèmes de sa protection, de la dureté politique de l'affrontement avec les gauchistes du seul fait qu'il était là, sans pour autant qu'il nous donne l'appui de sa puissante parole qui pouvait nous permettre de reprendre les événements en main. Bon. Tout de même, nous étions de vrais amis.

Si Mendès se trouve à Charléty, c'est donc parce que vous lui aviez demandé de venir ?

Je lui avais demandé avec une très grande fermeté de venir y prendre la parole. Il m'a répondu : « J'y serai parce que je veux être aux côtés des jeunes, mais je n'y prendrai pas la parole. » Je m'entends encore lui dire : « Président, ne faites pas ça. Si vous prenez la parole, la sono sera forte, on se charge d'assurer votre sécurité, et le respect qui vous est dû. Mais si vous ne la prenez pas, votre présence dans un pareil milieu pendant tout ce temps, sans que vous disiez rien, rend notre position intenable. Dans ces conditions-là, il ne faut pas venir. »

C'est donc au fond malgré moi qu'il est venu... Mais c'est tout Pierre Mendès France, ça. En dépit de ces désaccords formels, on l'aimait bien.

Mais alors, pourquoi est-il venu ?

Il l'avait dit : « Je veux être du côté des jeunes, je ne participe pas de ce mouvement, mais je comprends ce qui se passe. Ça risque d'être brutal, je veux être avec eux. »

Vous pensez que ça lui a coûté politiquement cher ?

D'y être ? Non...

Dans l'élection présidentielle qui a suivi, vous ne vous êtes pas trouvés ensemble. On avait imaginé un « ticket » PMF-Rocard, on a eu un « ticket » Defferre-PMF. Que s'est-il passé ? C'est si mystérieux que certains vous le reprochent, parlent même de « mort du Père » et suggèrent que, en ne faisant pas équipe avec Mendès à ce moment-là, vous tuez le Père.

Première observation, de type constitutionnel : le concept de ticket est erroné. L'élection présidentielle française est une élection très personnelle, une telle combinaison n'est pas crédible. Donc pas de ticket !

Je me suis battu, et avec moi l'essentiel du Bureau national du PSU (mais j'étais probablement au PSU l'homme avec lequel il était le plus lié de confiance et d'amitié), pendant quatre mois, pour qu'il soit, lui, le candidat de la gauche. Il n'a absolument pas voulu.

Les raisons de ce refus sont multiples. D'abord, son rejet radical du système de la Vᵉ République, qu'il avait combattu dès sa naissance, très publiquement, conseillant de voter contre la Constitution, qu'il refusait globalement. Il était notamment hostile à l'élection du chef de l'État au suffrage universel. Favorable à un exécutif plus fort que sous la IVᵉ République, il le voulait pourvu d'amortisseurs contre la personnalisation du pouvoir.

Ensuite, il avait une conscience aiguë de sa judaïté. Il en était fier, mais il craignait qu'un certain type de débat ne donnât prétexte à des résurgences d'antisémitisme. Et c'est la raison pour laquelle, je pense, il s'est interdit d'aller jusqu'au bout.

Nous étions nombreux à lui dire : « Président, au point où nous en sommes, c'est vous ou personne. Quand vous raisonnez comme cela, vous conduisez votre camp à l'échec. »

Bref, un certain jour de septembre 1969, il me téléphone : « Mon cher ami, je voudrais bien vous voir. » Ma propre candidature était pratiquement lancée puisque nous n'avions trouvé personne d'autre, et qu'il y avait quelques raisons de dire : « Changeons de génération ! » Et moi, je ne m'étais pas fait prier ! Ma candidature était publique, et du côté de la SFIO rien n'était encore annoncé. Et voilà que PMF m'annonce qu'il va soutenir Defferre. Je lui dis : « Monsieur le Président, c'est votre entière souveraineté personnelle, c'est votre droit, mais c'est un peu étrange. Defferre a des vertus, il a été le décolonisateur de l'Afrique, il porte un grand nom, mais n'est pas de toute évidence un homme de progrès. » Alors Mendès ajoute qu'il va essayer le coup du ticket. Moi : « Mais, monsieur le Président, je vous comprends mal, vous représentez, Defferre et vous, des choses assez antagoniques. Defferre, c'est la grande tradition socialiste, y compris dans ce qu'elle a un peu d'inhibant ou de retardataire. Vous êtes à peu près tout le contraire. Vous allez vous neutraliser, et dissuader réciproquement vos électeurs. En tout cas, Président, je ne vois pas comment je me rallierais. Vous me faites l'amitié et l'honneur de m'annoncer la vôtre le premier. Mais la mienne est déjà publique, il y a un mouvement d'hommes, une investiture, une organisation, petite, mais généreuse... »

Pour la première fois, nous allons nous affronter. Ça n'a d'ailleurs rien enlevé à notre amitié. Nous nous sommes beaucoup revus, nous avons beaucoup travaillé ensemble.

Je pense que, rétrospectivement, il m'a donné raison. En tout cas, celui des deux qui a quitté l'autre ce n'est pas moi.

Donc pas de « fêlure » entre vous ? Des choix différents ?

Vous savez, la vie politique est dure. On peut, dans le respect des amitiés, des affections, des fidélités, faire des analyses différentes sur un choix tactique, ou même stratégique.

Vous vous retrouvez très proches après l'accession des socialistes au pouvoir...

Le Parti socialiste a grandi en puissance, repris par François Mitterrand. A l'occasion de ces grandes batailles qui ont précédé et suivi la victoire de 1981, j'ai trouvé un Pierre Mendès France aussi chaleureux, aussi sûr, aussi rigoureux, d'une totale intégrité, pas seulement financière (ça tout le monde le sait), mais même intellectuelle, incapable de la moindre compromission. C'est ça Mendès. C'était ça, pour nous, notre chaleur...

Voir Mendès dans les années 81-82, au moment où nous accumulions un certain nombre d'erreurs que l'on aurait pu tenter de prévenir, c'était très émouvant. Décidément, les épisodes de la vie politique ne nous avaient pas séparés. Je me sens toujours un de ses fils.

Il n'acceptait pas le mot de « mendésisme ». Acceptez-vous celui de « rocardisme », le mettant en parallèle avec le précédent ?

Ce sont des habitudes verbales bizarres.

Des commodités, en tout cas. Il y a eu un certain bloc idéologique autour de Mendès, et il y en a un autour de vous. Se recouvrent-il ? Se différencient-ils ?

Beaucoup de choses se recouvrent. Il disait : « Une nation qui a des comptes en désordre est une nation en décadence. » Et aussi : « Non, toute politique n'est pas sale, toute action n'est pas vaine. » Nous sommes dans le même patrimoine idéologique.

La seule novation, peut-être, mais qui doit beaucoup à la décennie 60, qui doit beaucoup aux changements sociologiques et historiques, c'est qu'il y a sans doute dans ce que j'ai charge de représenter, d'incarner maintenant, un plus grand souci de responsabilisation de chaque individu. On se sent aujourd'hui moins jacobin. La référence à l'État qui fait tout, la référence au fait que la politique doit être organisée de manière telle que l'État soit papa et maman, l'environnement affectif aussi bien que la fourniture de l'emploi, du salaire et de tout, on en est bien revenu. Au fond, une société qui marche bien est une société équilibrée dans laquelle l'État fait correctement ce qu'il a à faire, qui n'est pas peu, mais qui est beaucoup plus limité qu'on ne le croit généralement et où, pour le reste, la société civile s'organise, le droit social évolue par contrat, la sécurité sociale est fondée sur le partenariat, et non pas étatique, et nos concitoyens sont plus capables d'orienter leur propre destin.

En Mai 68, on appelait ça l'autogestion, avant de renoncer au mot à cause de la Yougoslavie, qui nous renvoyait une tout autre image. Mais c'est, disons-le, le respect du mouvement d'en bas, le souci d'une société à plus forte diffusion de responsabilités — un mot que Mendès a d'ailleurs beaucoup employé, ouvrant la voie à de nouvelles perspectives idéologiques... On est bien dans la continuité.

> Pourrait-on dire que, de lui à vous, il y a un moins d'État, mais que ce moins d'État, depuis vingt-cinq ans, est le fait des circonstances, d'une évolution générale ? Cet amenuisement du rôle de l'État, de Mendès à vous, est moins dû à l'idéologie ou à la volonté qu'au flux de l'histoire ?

Oui. Mais je ne suis pas sûr qu'il faille dire « moins d'État ». Je suis tellement soucieux de la bonne marche de l'Éducation nationale, de la Police et de la Justice où il ne faut pas moins d'État, mais peut-être un peu plus, en tout cas pour la Police et la Justice, que mon souci est celui de la restauration de la pleine souveraineté de l'État. Et je me retrouve là très mendésiste.

Mais pour que l'État agisse bien en ces domaines, il faut peut-être qu'il ne s'occupe pas trop du reste, que le plan ORSEC quand on a une inondation en Provence soit régional plutôt que national, que quantité de problèmes soient vraiment décentralisés et ne remontent pas au niveau national. Le courrier des ministres est toujours fait pour les deux tiers de réponses à des demandes d'emploi et à des demandes de dérivation de routes locales. La France fonctionne comme ça, si absurde que ce soit...

Pierre Mendès France ne négligeait pas le local. Il était tout de même très maire de Louviers !

Oui, il était très maire de Louviers. Tout homme politique consciencieux aime s'occuper de ses administrés, et sait que de tous les mandats publics français, le plus épanouissant, le plus beau est celui de maire, et c'est un maire qui vous le dit.

C'est une fonction à laquelle on prend plaisir parce qu'on peut y rendre de vrais services à ses concitoyens dans des délais tels qu'on en voit les résultats. Maire de Louviers, content de l'être, il défendait ses administrés et gérait bien sa commune et c'était parfaitement compatible avec une vision centralisée de l'organisation des pouvoirs publics.

Mais c'est tout de même lui qui a lancé le mouvement de régionalisation. Le découpage administratif a été revu après lui, mais c'est lui qui a créé les établissements publics régionaux et les sociétés de développement régional.

Tout ce que vous venez de dire conforte l'idée que Mendès est aujourd'hui très vivant dans la vie publique de la France.

C'est difficile à dire, à cause de son divorce avec le régime constitutionnel qui est le nôtre depuis trente ans, et qui, au fond, marche. Pour l'avoir refusé, Mendès a quand même choisi, au fond presque délibérément, de s'écarter un peu de la vie publique.

Mais il était fondateur d'école et créateur de formes de pensée. Et nous sommes quand même très nombreux à l'avoir eu comme père spirituel. Et ça, ça compte. Quand on cherche un exemple ou qu'on essaie de comprendre pourquoi on est porté à prendre telle position, on se souvient des leçons du patron. Moi qui ai beaucoup travaillé et vécu avec lui, qui étais son ami, il m'a marqué comme ce n'est pas possible, ça c'est une évidence.

Au moment de prendre une décision importante, et vous en avez eu un certain nombre à prendre notamment au cours des dernières années, vous êtes-vous souvent dit : qu'aurait fait Mendès, là ?

Bien sûr que oui, et dès le début, à propos de la Nouvelle-Calédonie. J'arrive à Matignon, on s'entretue là-bas. Il faut faire vite. J'ai en tête l'exemple de ce qu'il a fait pour l'Indochine et la Tunisie. Je dirais que je me suis endormi avec lui, le premier soir, quand j'ai compris que le dossier calédonien m'incomberait...

Vous avez eu conscience, en Nouvelle-Calédonie, de faire du Mendès à Carthage ?

Avec un temps de retard, parce qu'on ne se tuait pas en Tunisie. Mendès a réussi à prévenir le déchaînement, bien qu'il y ait eu des incidents graves. En Nouvelle-Calédonie, les milices vouées à l'assassinat réciproque étaient organisées de part et d'autre. La guerre civile était commencée. Mais enfin c'est du même ordre, celui du traitement de l'urgence violente.

Je ne veux pas vous embarrasser, ni vous faire parler en son nom, mais enfin, sur les questions européennes, Mendès a un dossier discutable. Il n'avait pas voté le traité de Rome, le jugeant trop peu « social » et trop perméable à l'hégémonie des grandes sociétés (ce qui est d'ailleurs l'un des arguments des adversaires de gauche de la construction européenne actuelle). Comment le voyez-vous dans le processus européen, Mendès ?

C'est une question grave, et c'est toujours un problème pour ses amis. Nous n'oublions pas que, là, il y a eu un blocage. Il ne faut pas ignorer qu'il a pris ses fonctions de président du Conseil avec, parmi les dossiers, celui de la ratification de la Communauté européenne de défense, qui était mal ficelé, très mal engagé, et à propos duquel il a eu à souffrir de la méfiance de ses partenaires internationaux, de la prévention des pro-européens intégristes, des fanatiques qui n'ont cherché qu'à lui empoisonner la vie. Tant et si bien que la CED a été rejetée par le Parlement français, le président du Conseil Pierre

Mendès France ayant demandé à tout son gouvernement de s'abstenir de manière à faire comprendre aux pro-européens que des amodiations étaient nécessaires. Celles qu'il avait demandées étaient modestes, et parfaitement acceptables.

Mais ensuite, c'est lui qui a débloqué les affaires européennes par les accords de Paris avec l'Allemagne, grâce à quoi fut remontée la mécanique.

> Il est l'un des fondateurs de l'UEO, avec Londres, qu'il voulait à tout prix associer à la construction européenne...

En effet, les accords de Paris ont donné naissance à l'UEO. Mais ensuite, il ne reconnaît pas ce qui est à bien des égards son enfant, le traité de Rome, où il dénonce un mécanisme de concentration capitaliste. Nous sommes à cette époque où la gauche cherche à se dégager de ses anciennes erreurs, et où s'amorce le mouvement qui va se terminer avec le congrès socialiste de l'Arche, en décembre 1991.

Entre ceux qui voulaient administrer la production pour garantir l'équité parmi les hommes, ce qui risque de paralyser la production (nous l'avons appris depuis, moins à nos dépens que les Soviétiques...) et ceux qui souhaitaient donner priorité à la croissance mais n'avaient pas encore compris que la croissance elle est impulsée par les plus puissants qui ont tendance à en abuser, la marge de manœuvre d'un gouvernement est étroite. Mais c'est la vertu du Marché commun que d'avoir élargi les retombées de la croissance.

Le niveau de vie d'un citoyen français depuis l'entrée de la France dans le Marché commun a dû être multiplié par deux et demi ou trois en monnaie constante. Ce qui est bon même si la fortune de tel ou tel gigantesque chef d'entreprise familiale a, dans le même temps, décuplé.

Cette mise en commun a donc eu des vertus. Le problème majeur de l'Europe est celui du ralentissement de la croissance, donc du chômage. Mais il s'agit quand même d'une fabuleuse réussite que le monde entier nous envie. Et là, il faut reconnaître que l'analyse de Mendès a été trop méfiante. Compte tenu de ce qu'il avait vécu à propos du problème européen quand il était au gouvernement et du comportement hostile des partisans de la CED à son égard, il n'a pas fait confiance à l'avenir. On peut le comprendre. Mais il est vrai que l'on ne relit pas sans stupeur les phrases de son discours d'explication de vote à l'encontre du traité de Rome.

Georges Kiejman

Avocat très prometteur du barreau de Paris au début des années soixante, le jeune Me Kiejman se met à la disposition de l'homme public qu'il admire entre tous, pour ses campagnes électorales et la préparation de ses dossiers, devenant un lieutenant diligent et un « poisson pilote » judicieux. A l'exception de Marie-Claire Mendès France, nul n'a été mêlé plus étroitement que lui aux dernières batailles de PMF.

JEAN LACOUTURE : Georges Kiejman, permettez-moi de commencer par une question à l'avocat. Dans quelle mesure Pierre Mendès France, dans sa vie publique et politique, s'est-il comporté en avocat, recourant aux techniques du barreau, et guidé par les soucis juridiques ?

GEORGES KIEJMAN : Pierre Mendès France a été avocat à deux moments très différents de sa vie.

Très jeune, il est allé s'inscrire au barreau de Louviers, ce qui pouvait paraître surprenant pour un homme qui était déjà bardé de diplômes prestigieux et qui, normalement, aurait dû s'inscrire au barreau de Paris. Mais c'était l'amorce très intelligente d'une carrière politique : il se voulait très près de ceux qu'il allait défendre avant de solliciter leurs suffrages. Dans les premières années de sa profession, il a plaidé des procès très modestes, de bornage, de vols de poules. Et il a ainsi beaucoup appris.

Puis, dans les années cinquante, quand le pouvoir lui en laissait le temps, il a parfois été le conseiller d'entreprises, et plus rarement l'arbitre de litiges difficiles : il était l'homme auquel on faisait confiance.

Il n'a donc pas été un avocat typique (si l'on réduit cette profession à l'idée du ténor d'assises). C'est un homme de dossiers. Sur ce point, il est parfaitement avocat. Comme arbitre, il faisait en sorte que, dans ce que l'on appelle un compromis, c'est-à-dire non pas la transaction, mais le pacte qui définit les questions posées, tout soit le plus précis possible, après avoir épluché, soupesé les arguments, opposé les uns aux autres.

Définissant les devoirs de l'homme politique, il a souvent insisté sur cette idée qu'il lui incombe d'exposer les divers aspects d'une question, de mettre l'opinion à même de trancher. Ça, c'est effectivement la démarche type du bon avocat, qui doit prendre conscience de l'argument qu'on peut lui opposer pour mieux le combattre. En ce sens, il a été avocat au meilleur sens du terme.

On l'a dit « vétilleux » en matière de droit...

Non. Il ne vivait pas le droit comme un ensemble de petites précautions médiocres, voire mesquines. Il pensait que le droit est un instrument de clarté, et il était surtout soucieux de définir le contrat, et de le respecter. Le contrat né de l'échange de deux volontés est une source de droit.

Mendès n'était pas un obsédé de la règle de droit. Il était obsédé du respect de la parole donnée dans le cadre du contrat, ce qui est différent.

> On le présente en général comme un professeur de vertu. Mais enfin voilà un homme qui a affronté les électeurs dans une vingtaine de campagnes électorales, qui a voulu gagner les votes des électeurs. N'était-il pas aussi un animal politique capable d'habiletés, de souplesse, qui font l'ordinaire d'une campagne ? Je pose la question à un homme qui a fait plusieurs campagnes, soit à Grenoble, soit en Normandie, à ses côtés.

Mendès était un homme incapable de ces habiletés : la fréquence de ses échecs le prouve. Aux électeurs, il n'exposait que ce qui lui paraissait bon de faire pour le bien public. Ainsi j'ai retrouvé le texte d'une de ses interventions, qui date de 1955, c'est-à-dire de la guerre d'Algérie. Rappelant que beaucoup d'électeurs interviennent auprès des parlementaires pour demander une dérogation afin que leur fils ne soit pas envoyé sur le terrain du combat pour le « maintien de l'ordre en Algérie », il annonce que ses fils vont partir incessamment, mais que les électeurs doivent harceler les députés pour que les conditions du retour de la paix soient remplies. Dénonçant les interventions individuelles, il réclame une action collective pour le bien du pays.

C'est un homme qui se situe toujours à un certain niveau intellectuel. Il s'adresse dans les réunions publiques à beaucoup de gens à la fois, mais il cultive aussi le dialogue particulier.

Et c'est là qu'on découvre ce qui est irremplaçable chez Mendès : une écoute. Tout homme placé en face de lui a le sentiment d'être plus intelligent, a le sentiment d'être compris, a le sentiment qu'il sera tenu compte de son avis : pas forcément parce qu'on lui donnera raison, mais que ce qu'il dit s'intégrera à la réflexion de celui qui discute avec lui, dont il sait qu'il est beaucoup plus intelligent, mais qu'il participe à un vrai dialogue.

L'image que je n'oublierai jamais, c'est celle de Mendès France dans les toutes petites réunions, dans les arrière-salles de bistrots où l'on peut traiter de tout, aussi bien du prix du blé que de l'attitude à adopter à l'égard de la Chine.

> On peut quand même faire de la démagogie sur d'autres thèmes que les adductions d'eau ou le prix des pommes. A Grenoble auprès des étudiants en parlant « entre intellectuels » ou aussi auprès de la jeunesse. « Les intellectuels », « la jeunesse », n'y avait-il pas là chez lui quelque chose d'un peu complaisant ?

Personnellement, je ne crois pas du tout que l'importance qu'il accordait à la jeunesse procédait d'une démarche démagogique.

D'abord, il faut se rappeler qu'il avait été lui-même un jeune homme exceptionnel par les qualités intellectuelles traduites très vite par des diplômes, mais aussi par la vertu morale, la vertu civique. C'est un homme qui, très jeune, a pris ses responsabilités, non seulement sur le domaine des idées, mais sur le terrain des actions.

Le souvenir qu'il gardait de lui-même jeune était donc positif. En s'adressant aux jeunes, il avait le sentiment de pouvoir éveiller un enthousiasme, il s'adresse à des gens qui n'ont pas encore cédé aux compromissions. Il croit réellement que la jeunesse est porteuse de promesse, d'avenir, avant d'être guettée par la résignation. Ce qui peut se traduire paradoxalement chez lui par des archaïsmes. Par exemple, il dit souvent : « Nos garçons », que nul n'emploie déjà plus dans les années cinquante ! De même, à propos de salaire, il parle de « gagne-pain »... Au fond, il est resté très attaché à sa propre jeunesse. Comment s'étonner qu'il cherche dans les nouvelles générations des promesses ?

> A propos de jeunesse, on s'interroge sur ses rapports avec l'amitié. Mis à part Georges Boris, qui fut l'ami de sa vie, l'ami par excellence, on le voit entouré de gens qu'il aimait bien, pour qui il avait de l'affection, de l'estime, et en qui il avait confiance, mais pas de véritables amitiés (à la différence de l'actuel président de la République, qui, lui, a manifestement le culte de l'amitié).

Tout homme politique se sent seul. Ce pourquoi il a besoin d'amis dévoués envers et contre tout.

Pierre Mendès France a qualifié Georges Boris, en tête d'un de ses livres, d'« ami irremplaçable ». Parce qu'il apportait à la fois le conseil intelligent et l'affection, ce qui est rare. Mais je dirai qu'indépendamment de Boris, Mendès était véritablement entouré d'amis. Naturellement : parce que l'amitié ne peut pas être octroyée, parce qu'elle suppose la réciprocité, et que ce qui était incomparable chez Mendès, c'est que, pour lui, l'amitié se vivait à deux. C'était une relation, un partage. Il vous écoutait, il vous répondait. Il n'avait pas décidé, tel ou tel jour, qu'il allait être gentil avec vous, ce qui ne veut rien dire.

Du moment qu'il vous avait accordé son affection, il prenait souci de vous. Il y avait dans son attitude en ce domaine quelque chose qui confirme son refus de toute démagogie à l'égard des électeurs. Par exemple, s'il intervenait en votre faveur, il ne vous le disait pas. Vous l'appreniez si le résultat de cette intervention était favorable. Si elle était défavorable, il essayait plutôt de vous convaincre que ce que vous aviez souhaité était idiot... C'était vraiment l'homme de l'amitié, pas celui des services échangés.

> Un des problèmes historiques que pose la carrière de Pierre Mendès France est celui de la formation du gouvernement de 1956, quand Coty a désigné Guy Mollet comme président du Conseil, aux dépens du député de l'Eure. Que se serait-il passé si Mendès avait été appelé ? Faut-il déplorer qu'il ne l'ait pas été ? S'agissant de l'Algérie, avait-il un projet précis ?

En 1956, je ne suis pas encore un collaborateur de Pierre Mendès France, ni même un proche. Mais, bien entendu, j'ai réfléchi à cette période, plus tard, quand je suis devenu un de ses proches. Et je me souviens de mes réflexes de jeune contemporain de ces événements.

Observons d'abord que Mendès France ne proteste pas contre le fait que Coty appelle Guy Mollet, et non pas lui, pour diriger le gouvernement ; alors qu'à l'évidence les gens qui ont voté pour le Front républicain l'ont fait pour promouvoir Pierre Mendès France et ce qu'il représente d'espoir de paix en Algérie. Il se plie aux règles. Il aurait trouvé tout à fait naturel que le président Coty l'appelât, mais puisqu'il désigne le dirigeant du principal parti politique de la coalition, il s'incline. Faiblesse ? Illusion sur le rôle qu'il pourrait jouer sans être le chef du gouvernement ? Il a peut-être surestimé l'importance de son autorité morale.

Faut-il regretter, d'autre part, qu'il n'ait pas pris la tête du gouvernement ? A mon avis, il ne le faut pas. Lui le regrettait, persuadé que le volontarisme, la transformation de la volonté en action, l'aurait conduit à trouver une solution négociée qui aurait à la fois accordé aux Algériens une forme d'autonomie, voire d'indépendance, en obtenant davantage de garanties pour nos compatriotes. Je suis, pour ma part, plus pessimiste.

Mendès France était un homme courageux non seulement du point de vue intellectuel, mais physiquement : il faut l'avoir vu affronter une foule. Il disait d'ailleurs qu'on est beaucoup plus en sécurité quand on est seul face à une foule hostile qu'entouré de gardes du corps.

Officier, il a accompli des missions au sein de l'escadrille Lorraine, dans un bombardier mêlé à des opérations extrêmement dangereuses à basse altitude sur la France, ce qui compte aux yeux d'un homme comme le général de Gaulle, quand il le rappelle de l'escadrille Lorraine pour lui confier un poste dans son gouvernement.

Mais aux yeux de l'opinion ? Il est juif, ce qui, compte tenu des clichés, veut dire pour beaucoup métèque et peu courageux. Le courage politique qu'il fallait pour imposer une solution négociée avec les Algériens serait apparu à un grand courant de l'opinion comme de la lâcheté. (N'oublions pas les horreurs et les calomnies dont il a été victime lorsqu'il a fait prévaloir sa solution en Indochine, ou lorsqu'il a pris parti contre l'expédition de Suez : on expliquait alors qu'il le faisait par intérêt, sa femme ayant des propriétés en Égypte...) On peut donc s'interroger sur le point de savoir si, politiquement, et dans ce climat, il aurait été à même de mener le combat qui conduisait sous une forme ou sous une autre à l'indépendance de l'Algérie.

Alors je vous dirai que, comme citoyen, on peut toujours se dire que Pierre Mendès France aurait obtenu une solution égale à celle qu'a imposée de Gaulle, voire meilleure. Mais vous permettrez que je me place du point de vue de la mère juive : je vous dirai que je ne suis pas mécontent que cette épreuve cruelle lui ait été épargnée...

> Compte tenu de votre référence à la « mère juive », peut-on dire que Pierre Mendès France a souffert de l'antisémitisme ?

Quand je parlais à Pierre Mendès France, j'avais l'impression qu'il avait parfaitement dominé les problèmes que pouvait poser en ces années-là le fait d'être juif. Il se définissait comme homme de gauche, se heurtant en tant que tel à l'opposition de certains adversaires, mais considérant que les insultes antisémites étaient, en quelque sorte, marginales, vraiment l'écume sale sur une mer propre. Il ne semblait pas y accorder beaucoup d'importance.

Après sa mort, j'ai été parmi les premiers à avoir accès à son journal de guerre, et j'ai été étonné de découvrir qu'il avait beaucoup souffert, en fait, de l'antisémitisme quotidien. Alors qu'il était officier du grade le plus élevé et le plus ancien du bombardier dans lequel il était observateur, ce qui veut dire placé en-dessous de l'appareil, à l'endroit le plus exposé, par rapport aux batteries de DCA, il n'avait jamais été nommé chef d'équipage. Il avait tendance à croire que ceux qui avaient la responsabilité de l'escadrille Lorraine l'auraient probablement nommé chef d'équipage s'il n'avait pas été juif...

C'est-à-dire une sorte d'impression que, sous une forme évidemment très atténuée, et autrement moins lourde de conséquence, eh bien le dreyfusisme existait encore dans l'armée, mais le dreyfusisme au pire sens du mot ; c'est-à-dire l'antidreyfusisme.

> Et ce dans une armée qui se battait contre le nazisme...

Mais dans la vie politique, il pensait que c'était parce que l'on était de gauche plus que parce qu'on était juif que l'on se heurtait à de l'hostilité. Au Parti radical, il y avait d'autres grandes figures politiques, comme René Mayer qui, défendant les intérêts conservateurs, n'a jamais souffert de l'antisémitisme. Ce qui confortait Mendès dans l'idée que ce n'était pas le fait d'être juif qui était gênant aux yeux de certains, mais d'être de gauche.

Disons tout simplement qu'être de gauche et juif n'était pas un atout majeur dans la vie politique de la IVe République, même très peu d'années après que l'on eut découvert la vérité sur le génocide.

Venons-en maintenant à l'épisode de mai 1968.

Mai 68, c'est une période extrêmement troublante, et intéressante pour étudier la personnalité de Pierre Mendès France.

Dans un premier temps, il ne comprend pas l'importance du phénomène. Il est à Grenoble, ça se passe à Paris.

Il y a deux personnes au moins qui lui téléphonent en lui disant : « Rentrez, ce qui est en train de se produire est très important. » C'est Michel Rocard et moi-même. Et dès qu'il est rentré à Paris, il mesure l'importance du phénomène.

Alors il le comprend et il ne le comprend pas.

Il le comprend, parce que, au fond, voilà un mouvement qui est mené par la jeunesse, dont il attend beaucoup ; c'est donc une confirmation de sa thèse.

Il a toujours cru que le mode de gouvernement

imposé par la Ve République était autocratique et qu'il serait rejeté par le peuple après avoir été plébiscité par le peuple. Derrière la jeunesse, il voit les ouvriers en grève, échappant d'ailleurs aux directives des syndicats les plus bureaucratiques, à l'exception du seul syndicat qui lui ait jamais été sympathique, c'est-à-dire la CFDT.

Et voilà certaines de ses idées mises en avant. Il voit les cadres traditionnels des grands corps politiques malmenés et trouve donc que Mai 68 confirme ce qu'il a toujours annoncé : que c'est la force populaire qui conduirait les gens qui s'abritaient derrière de général de Gaulle à rendre le pouvoir qu'ils avaient usurpé. A mon sens, il était un peu injuste à l'égard du général de Gaulle, mais je comprends que, du point de vue du respect de la démocratie, il ait été choqué : d'ailleurs certaines des réflexions qu'il faisait alors sur cette constitution méritent encore examen. Donc, il comprend l'importance de Mai 68.

Mais pas complètement. Il ne voit pas que Mai 68 n'était pas seulement un mouvement de subversion à l'encontre des pouvoirs traditionnels, mais qu'il s'agissait d'une subversion profonde des mœurs, des rapports d'autorité, non seulement entre gouvernement et gouvernés, mais entre mari et épouse, entre parents et enfants, cet acquis dont nous bénéficions toujours.

Il ne faut d'ailleurs pas se faire d'illusions : aucun de ces jeunes subversifs ne vient chercher Pierre Mendès France. Il a des contacts avec Sauvageot à cause du PSU dont il est membre à ce moment-là, mais pas avec Alain Geismar, ni avec Cohn-Bendit.

Le mouvement n'estime pas avoir besoin de lui, mais il est l'un des très rares hommes politiques qui soient tolérés ou estimés par ceux qui tiennent la rue. Alors, comment est-il amené à les accompagner alors même qu'il a acquis la conviction qu'ils ont perdu la chance politique qu'ils avaient représentée à un moment donné ? Parce que, le 24 mai, le général de Gaulle fait un discours extrêmement décevant. Mendès fait alors l'erreur de croire que ce mouvement peut donner impulsion à des gens comme lui et comme d'autres, qui vont pouvoir s'appuyer sur cette jeunesse pour exercer une action politique associant au pouvoir les dirigeants de cette jeunesse. Il est d'ailleurs encouragé dans cette analyse par le fait que bon nombre de ministres en place viennent à lui, que beaucoup de dirigeants syndicaux comptent sur lui pour canaliser cette énergie nouvelle, et lui donner l'occasion d'agir dans un cadre politique concret.

Mais dès avant le retour de De Gaulle, le mouvement des jeunes s'est essoufflé. De cet essoufflement, je pense que Mendès a pris conscience quand il se rend à Charléty. Mais il craint qu'on ouvre le feu sur ces jeunes qui défilent de la place d'Italie jusqu'au stade Charléty, et qu'il rejoint place d'Italie où certains clichés sont pris avec Rocard et moi bras dessus, bras dessous.

A Charléty, il montera sur la tribune en ayant décidé d'être muet. On ne l'a pas privé de parole : il n'avait pas l'intention de prendre la parole ce jour-là, mais voulait seulement être à la fois le témoin, la caution, la force morale de dissuasion si un mauvais coup était préparé (comme l'archevêque de Paris le lui aurait dit...).

A Charléty, on le voit, on remarque sa présence, on la répercute évidemment de toutes les manières médiatiques, et à partir de là, il est associé à la jeunesse pour ce qu'elle a de meilleur aux yeux de certains et de pire pour beaucoup d'hommes politiques, dont son adversaire politique de Grenoble, Jean-Marcel Jeanneney.

En Mai 68, il a accompagné le mouvement et il l'a fait avec sympathie. Il y a cru à un moment donné et il a continué à être solidaire alors qu'il n'y croyait plus.

Les implications de Mai 68, personne ne pouvait vraiment les comprendre. C'était un mouvement révolutionnaire dans ce sens qu'il ne respectait ni les institutions ni les hommes voués traditionnellement au service de ces institutions et dans la mesure où il prônait des valeurs libertaires. Mais c'était un mouvement qui était incapable de faire suivre la prise de parole par une prise d'action.

Comme tous les mouvements révolutionnaires, il se devait de grossir chaque jour pour ne pas reculer, et, effectivement, le mouvement enflait : il y avait de plus en plus de jeunes dans les défilés, des passerelles étaient jetées entre les jeunes et les ouvriers en grève ; mais aucune action ne suivait vers les centres de détention du pouvoir : la présidence de la République, le ministère de la Défense, ou tout simplement le siège de l'ORTF. Tout ça restait très amateur.

Ainsi Pierre Mendès France a-t-il pris au sérieux un mouvement amateur ? Pour un homme d'État, c'est une faiblesse...

Non, Mendès n'a pas pris au sérieux Mai 68. Mais il a cru que c'était l'étincelle, l'expression d'une jeunesse qui ne peut pas se tromper sur les objectifs. Son erreur n'est pas d'avoir surestimé ce mouvement, c'est d'avoir pu croire qu'il constituait un appel de la jeunesse vers des hommes comme lui. Or la jeunesse ne lançait aucun appel vers ces hommes, elle ne lançait des appels que vers elle-même. C'est là qu'a été l'erreur.

Il y avait quand même ce personnage charnière qu'était Michel Rocard, qui appartenait, lui, franchement aux deux composantes : la juvénilité et la politique...

Écoutez, j'aime beaucoup Michel Rocard, mais sincèrement je ne crois pas qu'il ait mieux compris Mai 68 que n'importe quel homme politique, eût-il l'âge que Michel avait à cette époque.

La vérité c'est qu'il a senti qu'il se passait quelque chose d'important. Bon. Mais au PSU ça n'était pas Michel Rocard l'homme important à cette époque, c'était Heurgon.

Je ne crois pas que Michel Rocard ait eu à cette époque la perception claire qui lui aurait permis de transformer en action politique ce mouvement d'idées et de sentiments.

Un autre aspect important de Mai 68, c'est un froissement, pas le premier, pas le dernier, entre Pierre Mendès France et François Mitterrand ?

Je ferai d'abord une remarque d'ordre général. Je ne suis pas de ceux qui acceptent d'opposer systématiquement Pierre Mendès France et François Mitterrand. Je me refuse au schéma selon lequel Pierre Mendès France ce serait la pensée et les buts, François Mitterrand les moyens et l'action. A l'un la générosité, la hauteur de vue, à l'autre le concret, le réalisme, avec ce que ça peut avoir de péjoratif. Je n'y crois pas.

Je pense d'abord que Mendès France avait une grande estime pour François Mitterrand, qu'il admirait pour son talent d'écrivain et ses qualités d'homme politique, la connaissance parfaite qu'il avait du « terrain ». Il n'y avait pas de vrai fossé entre les deux hommes. Mais c'est vrai qu'ils étaient concurrents, non seulement dans l'exercice du pouvoir, mais même, plus précisément, dans l'exercice du pouvoir suprême.

En Mai 68 qu'est-ce qui peut opposer Pierre Mendès France et François Mitterrand ?

Ni l'un ni l'autre n'est appelé par le mouvement de la rue. Mais il est vrai que Pierre Mendès France a un petit avantage : si les jeunes ne se reconnaissent pas en lui, ils trouvent en lui un exemple de ce que devrait être, selon eux, une politique vertueuse. Il n'est pas un adversaire. Il n'est pas un de ceux qu'ils ont envie de molester comme ils le font notamment des dirigeants communistes qu'ils traitent de « vieilles crapules staliniennes ».

François Mitterrand n'a pas démérité, mais il n'a pas cette aura aux yeux de la jeunesse. Et comme toujours dans les histoires d'amour, si l'on n'est pas aimé, on n'est pas très aimant. Il a de la méfiance ou en tout cas de la distance à l'égard de cette agitation estudiantine et de ce courant de jeunes ouvriers par lesquels il ne se sent pas apprécié. Pour lui, Mai 68, c'est peut-être l'occasion d'un changement de politique, ce n'est pas en soi le changement politique.

Alors les malentendus sont nourris d'anecdotes qui, comme toujours, ont été vécues différemment par les deux parties.

C'est ainsi qu'un jour les collaborateurs de François Mitterrand et de Pierre Mendès France se sont interrogés sur l'opportunité de les voir tous les deux débarquer sur des barricades pour prendre contact, tester en quelque sorte la popularité qu'ils avaient pu conserver.

Il est vrai que les collaborateurs de Pierre Mendès France n'ont pas tenu à ce que ce voyage sur les barricades se fasse : les amis de François Mitterrand n'y tenaient pas non plus. C'est notre ami, disparu depuis lors, Pierre Soudet, qui a dissuadé les uns et les autres de tenter l'aventure.

Mais il est vrai que le lendemain, dans des circonstances tout à fait improvisées, Mendès France s'est retrouvé à la Sorbonne. Dans l'entourage de François Mitterrand, il est possible que l'on n'ait pas cru au caractère impromptu de cette visite... Mais moi qui étais très proche de l'action à ce moment-là, je peux dire qu'elle fut vraiment improvisée...

S'il y a eu froissement à cette époque, considérez-vous que le 10 mai 81 efface tout cela ? Qu'il y a alors une convergence profonde entre les deux hommes, non pas tactique mais intellectuelle, sentimentale ?

Le 10 mai 81 efface chez Mitterrand non seulement les malentendus de Mai 68, mais des malentendus antérieurs comme ceux, refoulés, qui ont pu se situer en 1954 au moment où François Mitterrand était ministre de l'Intérieur de Pierre Mendès France.

Ce qui me paraît plus remarquable c'est le comportement de Pierre Mendès France qui, avec l'arrivée de François Mitterrand au pouvoir, porteur des valeurs de la gauche, apprend définitivement que lui ne sera jamais l'incarnation de ces valeurs, au moins du point de vue institutionnel.

Tout autre que lui en aurait éprouvé quelque amertume, partagé entre la joie de voir la gauche revenir au pouvoir après une si longue absence, et la déception de n'être pas celui qui l'a conduite à la victoire.

Eh bien, je peux vous le dire, parce que j'en ai été le témoin direct, Mendès France ayant entendu les résultats qui faisaient de François Mitterrand le nouveau président de la République, avant même la fameuse accolade de l'Élysée, apprenant la victoire de François Mitterrand, éprouva une joie sans partage, une immense émotion.

Il avait déjà une certaine difficulté à marcher. Je l'avais accueilli au pied de mon immeuble, et il était impatient d'être dans mon appartement pour ne pas rater les premiers mots de Mitterrand : déjà la rumeur circulait, déjà les sondages et les premiers résultats à la sortie des isoloirs donnaient la victoire de François Mitterrand pour quasi inéluctable. Il voulait être présent devant un poste de télévision ou de radio au moment de la confirmation.

Je dis que ces sentiments de Pierre Mendès France sont tout à fait exceptionnels. Quelles que soient mon estime, mon admiration, mon affection pour d'autres hommes politiques, je dis qu'il n'y avait que lui pour vivre l'événement comme cela.

Mendès France, on en parle toujours comme d'un homme politique et plus précisément comme d'un homme d'État. Si bien que l'homme tout court disparaît derrière le personnage. Même les qualités qu'on lui prête de franchise, de sincérité, de loyauté, ce sont les qualités qui caractérisent l'homme d'État. Et ce qu'il était dans l'intimité reste masqué.

Or ce n'était pas un homme qui se dissimulait, c'était un homme d'un accès relativement aisé, même s'il aimait pouvoir travailler tranquille quand il avait décidé de le faire.

Ce qu'il faut souligner c'est qu'il avait une générosité familière. Il n'était pas généreux à l'égard des peuples et indifférent au sort de ses voisins, de ses proches. Il est vrai qu'il avait quelque chose de bourru : ses propres fils, parfois, ne comprenaient pas l'immense affection qu'il avait pour eux. Je me rappelle de la fierté qu'il avait manifestée parce que, dans une université californienne, on lui avait dit, parlant de son fils mathématicien : « Ah ! vous êtes le père de Michel Mendès France ! ». Ce renversement de notoriété lui avait fait bien plus plaisir qu'à n'importe quel autre père...

C'était un homme qui avait, non pas de l'esprit, c'est-à-dire cette faculté qu'ont souvent les hommes politiques de pouvoir rire ou faire rire aux dépens d'autrui, mais de l'humour, qui suppose qu'on est capable de rire à ses propres dépens. Et ça, croyez-moi, c'est dans le monde politique une qualité beaucoup plus rare.

Il allait très peu au spectacle, mais tout l'enthousiasmait comme un enfant. En 1967, Jacques Brel et Serge Reggiani sont venus donner un spectacle pour lui dans la salle du Grand Manège de Grenoble. Tout autre aurait jugé cela banal. Pour lui, c'était véritablement la récompense du travail, une vraie distraction : sur les photos que l'on peut retrouver de cette époque, il a le regard d'un adolescent.

A l'égard des faiblesses des autres, il était d'une indulgence extraordinaire, dès lors qu'elles touchaient à la vie privée. Il comprenait toujours la vie amoureuse des autres, même s'il n'en partageait pas les complexités, la gourmandise. On faisait de lui un homme austère. Il était austère pour lui, mais, quoi qu'on dise, il était toujours capable de mettre sur sa table, non pas seulement une bouteille de lait, comme on a prétendu qu'il se contentait de le faire, mais les meilleurs vins, les meilleurs mets. C'est vrai qu'il n'éprouvait pas le besoin de changer son vêtement, mais il était sensible à l'élégance des autres. C'était un seigneur pour les autres.

Et puis, il se donnait. Or, les hommes politiques ne se donnent pas, ils font semblant de se donner, ils font semblant d'écouter. Ils retiennent effectivement de ce que vous dites ce qui peut être utile à leur action ou à leur réflexion, mais ils ne vous font pas cadeau d'un conseil, sinon dans le cadre d'une stratégie déterminée.

Mendès était présent là où il était, à la minute où il parlait. Et je ne connais personne qui, dans une conversation à sa table ou au cours d'un entretien improvisé dans la rue, n'ait eu le sentiment, pendant ces instants-là, d'être plus intelligent, plus sensible, en un mot meilleur.

Si la démocratie a un sens, si le dialogue socratique veut encore dire quelque chose aujourd'hui, c'est par référence à Mendès.

Finalement, pourquoi est-ce que cet homme est resté un mythe ? Bien sûr parce qu'il est aux yeux de beaucoup l'incarnation de la vertu, de la *virtu* au sens romain, mais aussi simplement parce que, et là, il faut donner à l'épithète son sens le plus affectif, le plus intellectuel, et pas seulement son sens moral, c'était un honnête homme.

C'était un homme avec lequel on pouvait échanger des idées, des sentiments et parfois des fous rires. J'ai vu Mendès pris par le fou rire. Ayant fréquenté quelques hommes politiques, je vous assure que c'est difficile de leur arracher un fou rire.

Si les gens regrettent Mendès, et c'est le sentiment général, il y a parmi ceux qui l'ont approché plus qu'un regret, il y a un chagrin, véritablement une absence qui ne peut pas être comblée.

GEORGES KIEJMAN

Ce que Pierre Mendès France a dit de Georges Boris, qu'il était son « ami irremplaçable », je connais des dizaines et des dizaines d'hommes vivants aujourd'hui qui le tiennent lui, Pierre, pour l'ami irremplaçable.

Michel Jobert

Qu'on ait pu être un fervent mendésiste en 1954, un ardent gaulliste après 1958 et jusque dans le plus proche entourage de Georges Pompidou ou encore à la tête de la diplomatie française, c'est ce que démontre ici l'ancien ministre de François Mitterrand, symbole vivant — et sarcastique — de la continuité de l'État...

JEAN LACOUTURE : Vous avez été associé au pouvoir de façons différentes, sous la IVe et la Ve République, au travail avec Mendès d'une part, et, d'autre part, avec les gaullistes, notamment Georges Pompidou. Pouvez-vous comparer l'exercice du pouvoir dans le cadre mendésien et dans le cadre gaullien ?

MICHEL JOBERT : Le gaullisme a connu sa période trépidante à Londres, où le temps comptait énormément. Après, il y a eu la majesté gaullienne.

Mendès, c'était l'impatience par rapport à la déliquescence. Et c'est pour ça que je l'ai rejoint. Il ne me connaissait pas, mais il me paraissait, comme aux hommes de ma génération, et à la

France de cette époque, un homme providentiel.

Impatient, il avait toutes les raisons de l'être. Il savait qu'on l'avait investi uniquement pour traiter en Indochine, et qu'aussitôt après le système, comme disait le Général, le rejetterait et lui fermerait les portes de l'avenir politique. Ce qui a été démontré au bout de sept mois et dix-sept jours. Et Mendès le savait.

Votre définition de Mendès, c'est une lutte contre le temps ?

C'était une lutte contre l'adversité qui s'était abattue sur la France avec un régime qui valait ce qu'il valait, mais qui n'était pas à la hauteur des circonstances. De cette période coloniale dramatique, Mendès s'était rendu compte que nous étions en peine d'en sortir. Depuis longtemps, il voulait intervenir. Et là, il a joué son va-tout les yeux ouverts et je dirais le poil hérissé, comme celui d'un chat devant l'ennemi.

Pensez-vous que le mendésisme aurait eu le même sens et la même force symbolique avec du temps pour lui, naviguant à long terme ? Sa grandeur n'est-elle pas fondée justement sur l'urgence et l'intensité ?

C'est là que la comparaison avec de Gaulle est utile, car ce sont des données extérieures qui ont sollicité leur talent et leur résolution.

C'est l'état de manque dans lequel la France se trouvait, alors qu'elle était mise en question, qui a fait de Mendès l'homme des circonstances : ses collègues parlementaires le lui ont bien montré !

Vous savez que Mendès, contre toutes les règles parlementaires de l'époque, ayant été mis en minorité, est remonté à la tribune et a repris la parole, provoquant un immense scandale. Mais il avait préparé son coup bien à l'avance, et il avait prévu trois versions de son intervention : une douce, une moyenne et une dure. Et finalement, c'est la version dure qu'il a sortie !

En quoi vous l'applaudissez ?

Ah ! Tout à fait ! Vous savez, à force de dire les choses en demi-teinte et d'agir selon le cours lent de l'étang, il ne se passe rien, sinon que c'est à l'extérieur que notre destin se décide.

Entre mendésisme et gaullisme, voyez-vous un cousinage, une fraternité, une convergence ?

Ce que vous dites très bien, moi, je l'ai vu. Et c'est ainsi qu'entre les deux, je n'ai fait aucune différence.

Mendès et de Gaulle sont en quelque sorte frères en résolution et en lucidité. Tous deux étaient impétueux, entiers de caractère. Ils ne se sont pas entendus à partir de 1958, et pour ma part, je l'ai déploré.

J'ai vu Mendès plusieurs fois à ce sujet, je lui ai écrit, j'en ai parlé avec Georges Pompidou, mais il est apparu que, pour eux, c'était le passé...

C'était en 1958 qu'il aurait fallu que Mendès

puisse embrayer sur ce qui a été l'épopée du Général, revenu au pouvoir avec une constitution qui aurait été comme un gant à Mendès, comme elle va aujourd'hui à Mitterrand — qui, bien entendu, n'en a pas voulu alors. Puis il l'a trouvée là et il s'en est accommodé, comme il dit. Mais je suis sûr que Mendès aurait pu s'accommoder de cette constitution qui restituait à l'exécutif français des possibilités qui lui manquaient depuis bien des années. Il le fallait et il le savait.

> Vous décrivez un Mendès successeur de De Gaulle à la tête de l'État. Avez-vous cru jamais qu'il pût y avoir une association de président à Premier ministre entre ces deux personnages si puissants ?

Oui. Ils se seraient détestés assez vite, ou suprêmement appréciés. Moi, j'aurais bien aimé que ce binôme se réalise. C'était l'idéal des gens de ma génération : la perspective avec de Gaulle, et l'exigence quotidienne avec Mendès.

Je ne veux pas dire que Mendès n'avait pas des vues lointaines, mais il était d'une telle exigence dans le détail que, par lui, les grandes idées auraient été habillées de façon raisonnable. Avec Mendès, il s'agissait d'une profonde exigence quotidienne, et du désir de démontrer que cette exigence était celle du peuple lui-même.

> Pouvez-vous expliquer le sentiment d'exil au moins moral et intellectuel où se trouvait Mendès pendant la Ve République ? Cette espèce de répulsion qu'il a eue constamment pour la Ve République ?

Ce qui a poussé Mendès dans son coin, c'est d'abord lui-même. Je crois que le « vieil homme » ne s'était pas dépouillé de la politique politicienne. Quand il regardait le panorama autour du Général, il retrouvait tellement de repères qu'il connaissait par cœur que ça ne le tentait pas de devenir lui aussi un de ces repères... C'est la faiblesse des hommes politiques : à un moment, ils jugent, si je puis dire, à l'aune courte de leur mémoire politicienne.

Il n'aurait pas dû être très difficile de convaincre Mendès que, lui aux côtés de De Gaulle, c'était l'épopée parfaite, et sans lui c'était quelque chose qui risquait de prendre – et qui a pris d'ailleurs – une coloration droitière.

Le Général, lui, était transversal à la France, et tous ceux qui le suivaient devaient être des transversaux. Malheureusement, il y avait beaucoup de gens qui n'étaient pas des transversaux, et qui n'avaient pas envie de se situer sur les diagonales. Ils préféraient le droit-fil, le droit-fil de leurs convictions, de leurs terreurs, de leurs préférences. Cela ne pouvait que gâter, à long terme, les rapports entre Mendès et de Gaulle.

Et puis de Gaulle est devenu l'actualité et même, une description prémonitoire de l'avenir, et Mendès est apparu comme un homme du passé. Mais un homme tout de même qui avait rendu à la France la paix outre-mer, et surtout, car c'était ce à quoi il tenait le plus, qui avait attiré l'attention des Français sur l'honnêteté, l'exactitude de la gestion et l'invention administrative. C'est curieux d'ailleurs qu'un politique invente des normes administratives, les méthodes, les démarches qui devaient conduire à une administration efficace. Cela, personne d'autre que lui ne pouvait le faire. Et cela n'a pas été fait.

> N'y avait-il pas pourtant quelque chose d'irréductible entre les deux visions de l'économie (dans la mesure où le Général en avait une). Pierre Mendès France croyait à l'intervention de l'État. Pas toujours les équipes gaulliennes...

Mendès voulait toujours démontrer quelque chose en économie, ce que la France devait faire.

Le Général, lui, s'était installé (non pas du tout pour implanter la dictature, comme Mendès, de temps en temps, faisait semblant de le croire) mais avec une grande perspective. Allait-il en gâter le déroulement majestueux par quelques petits drames médiocres sur l'économie ?... René Pleven était là qui proposait de s'arranger au jour le jour, un peu d'inflation par-ci, un peu d'inflation par-là. Le Général n'aimait pas l'inflation, mais il n'aimait pas non plus les histoires qui pouvaient compromettre son parcours, Mendès agissait en termes d'ultimatum, ce qu'il aimait bien faire. Le Général a préféré, en matière économique, la méthode douce, voire homéopathique, que lui proposait Pleven.

> ... et il a fait le même choix ultérieurement, sous la Ve République...

A l'orée de la Ve République, il a opté pour la méthode farouche, salvatrice, que lui proposait

Jacques Rueff. Le succès financier de 1958, le redressement à partir du plan Rueff, a été décisif.

Vous diriez que Rueff, alors, a été la pincée mendésienne dans la soupe de De Gaulle ?

Oui, mais le sel de Mendès était toujours excessif pour le Général. Celui de Rueff était d'un technicien, l'autre était d'un politique.

Occupant le poste clé de directeur de cabinet, en 1968, du Premier ministre, vous avez pu apprécier les rapports entre Mendès et le pouvoir (ou ce qui restait du pouvoir).

Moi, j'étais installé à Matignon, dans mon bureau, et j'avais décidé de ne pas en partir. C'était une position claire.

Et originale...

Originale ? Non, ça me paraissait tout à fait normal... Ce n'était pas la position d'un homme d'ordre, mais celle d'un homme qui n'aime pas le désordre, ce qui est tout à fait différent. Puisque j'étais là, que j'avais accepté ces fonctions, et que, de temps en temps, je me sentais un peu seul, eh bien, je restais là.

Contrairement à d'autres...

Je faisais décrocher les drapeaux rouges et les drapeaux noirs quand je savais qu'il en flottait, ici ou là.

Dans ce bureau, vous n'avez jamais vu apparaître rien qui ressemblât ni à Pierre Mendès France, ni à un de ses amis, ni quelqu'un venant parler en son nom ?

Moi ? Non. Et dans le bureau voisin où se trouvait Georges Pompidou, je n'ai pas le souvenir qu'il se soit produit quoi que ce soit de ce genre : mais il y avait beaucoup de gens qui s'agitaient, bien entendu, et qui, dans ce grand tohu-bohu, cherchaient des contacts, proposaient des solutions, sans être mandatés pour cela. Mais enfin ça leur permettait de se répandre en disant : « J'ai vu Untel et Untel, leurs propositions ne sont pas aussi tranchées qu'on peut le penser, etc. » Même ça, je ne l'ai pas entendu. Mais je ne nie pas que ça ait pu exister. Notre démarche était très rétrécie. Elle consistait à dire : « Nous durons, et finalement les yeux des Français vont s'ouvrir. » Telle était notre démarche. Dans cette perspective, je n'ai pas vu se profiler beaucoup de propositions.

Bref, Mendès est allé à Charléty, symbole de cette pseudo-révolution qui s'est faite comme il le fallait, c'est-à-dire sans recours aux armes.

Qu'un homme d'État comme Mendès ait pu être présent dans cette pseudo-révolution vous paraît, à y penser aujourd'hui, une sorte de scandale ?

Non, je comprends que ça se soit passé comme ça. J'aurais préféré le sentir à mes côtés, mais enfin il était à Charléty, je ne pouvais pas interdire l'accès des stades aux hommes politiques. Les stades ne sont pas faits seulement pour les sportifs, mais aussi pour les hommes politiques... quand ils arrivent à les remplir !

> Il a été dit, à cette époque, et par Mendès France lui-même, qu'il s'était mêlé à cette manifestation parce qu'il y avait un risque de répression dure, et qu'à Charléty il protégeait d'une certaine façon les étudiants. Est-ce une thèse qui comporte une part de vérité ?

En tant que directeur du cabinet du Premier ministre, je ne me souviens pas que nous ayons envisagé la moindre répression, dure ou non. Ces messieurs voulaient faire à Charléty une grande manifestation, en vue de faire tomber les murailles du pouvoir. Et Dieu sait si le pouvoir était fragile, en cette fin de mai 1968... Mais à notre sens, ce n'était pas suffisant.

Mitterrand n'est pas allé à Charléty. C'est un homme qui a montré en cette circonstance, comme en d'autres, qu'il peut être avisé.

Mendès, je le comprends. Les hommes publics veulent toujours être les interprètes des grands moments, ou en être les médiateurs inspirés. C'est probablement ce qu'il a voulu faire, mais c'était à contretemps.

Il n'y avait qu'une chose qui comptait à ce moment-là, l'attitude qu'adopterait le Parti communiste. Les communistes n'ont pas cru à cette affaire de Mai 68, sauf à la fin, sans se rendre compte que c'était trop tard, et que tout le mouvement de Mai 68 avait perdu la partie.

Nous, nous étions surtout attentifs à cela. C'est

pour ça que nous ne trouvions aucune raison de nous émouvoir de cette manifestation de Charléty.

Je ne me souviens pas très bien des détails, mais je sais que Pompidou n'en a pas fait une grande affaire. Bon, ça aurait tourné mal, il y aurait eu des provocations, il aurait été embêté. Mais nous n'avions pas envoyé de provocateurs ou quoi que ce soit de ce genre.

Moi qui m'occupais de l'ordre public et du ravitaillement des Français (autant que faire se pouvait alors que l'État était par terre, car il était par terre et l'on ne s'en rendait pas compte, il n'y avait plus que des apparences...), je ne me souviens pas que nous ayons tenté quoi que ce soit pour faire échouer Charléty.

Qui a fait échouer Charléty ? C'est Mitterrand, parce qu'il n'y est pas allé !

Olivier Duhamel

*Fils de Jacques Duhamel qui fut l'*alter ego *d'Edgar Faure — si étroitement mêlé à la carrière de PMF —, puis un prestigieux ministre de la Culture, Olivier Duhamel, professeur de droit public, représente le point de vue des jeunes politologues sur l'homme public qui a pris désormais sa dimension historique.*

> JEAN DANIEL : Il y a une opposition fondamentale de Pierre Mendès France aux institutions de la Vᵉ République, et à la Constitution. La première raison, c'est l'origine même de ce système : le coup d'État d'Alger. Il disait toujours : « Le régime a commencé dans la rue, il finira dans la rue. » Mais surtout, il y a des raisons de principe que j'aimerais que vous développiez.

OLIVIER DUHAMEL : La première raison de son opposition est évidemment liée au coup de force initial, mais ce qui est frappant, et qui va distinguer Pierre Mendès France de la plupart des autres responsables de la gauche, voire des intellectuels, pas seulement des politiques, c'est qu'alors que tout le monde, tout au long de la Vᵉ République, va progressivement se rallier au régime, Pierre Mendès France persistera, lui, dans un refus et une critique radicale ; il est certain que l'élection présidentielle au suffrage universel direct est au cœur de ce refus intraitable.

Pour Pierre Mendès France, l'élection présidentielle confirme la nature profondément bonapartiste du régime. Elle prouve qu'il s'agit d'un système de pouvoir personnel.

Cela provoquait entre Pierre Mendès France et les jeunes générations des débats tout à fait passionnés. Pour nous, Mendès France était l'homme de la modernité. Il incarnait l'avenir politique et nous voyions son refus de la Ve République comme une résistance archaïque. Nous avions tendance à penser parfois, au moins au début des discussions, qu'il y avait là une forme de parlementarisme classique, un refus de la mutation présidentielle, laquelle nous semblait au cœur de la modernité constitutionnelle.

On aurait pu croire que Mendès avait été un peu archaïque dans sa crispation jacobine, radicale, parlementariste. Mais les années passant, au lieu d'être l'homme de la IVe, il devenait l'homme de la VIe République ; ce qui paraissait comme une cécité aux vertus de la Ve République devenait un regard de visionnaire, de prophète sur les vices de la Ve.

Finalement, il a vu le premier la dérive monarchique, l'entretien des mœurs monarchisantes, de l'esprit de cour, et de l'esprit de soumission portés par l'élection présidentielle elle-même. Il a vu, le premier, la déformation du débat politique par la personnalisation outrancière. Je me souviens, après de nombreuses discussions sur ce sujet, j'ai été, un jour, amené à lui concéder : « Mais finalement, c'est vous qui aviez raison de voir tous les effets pervers de l'élection présidentielle »; que ne fut, à ce moment-là, le ravissement chez cet homme heureux de se dire : « Enfin, je l'ai ébranlé. »

C'était un trait exceptionnel du caractère de Pierre Mendès France : il était le démocrate absolu. Il considérait qu'un être humain en vaut un autre. Il était juste.

La plupart des hommes politiques d'une certaine ampleur, et *a fortiori* des hommes d'État, ont une vraie réticence à la critique, à la contestation. Souvent, parler avec des grands hommes politiques exige un effort sur soi-même pour oser aller le chercher dans ses retranchements, ou pour le contredire. Les hommes politiques ont tendance à susciter l'autocensure de l'interlocuteur. Avec Pierre Mendès France, c'était exactement le contraire; il y avait une telle liberté dans la discussion et une telle acceptation du débat que l'on n'avait aucun effort à faire pour lui exprimer un désaccord. Ainsi cheminait-on avec lui. On pouvait avoir trouvé au début que ses critiques était excessives et passéistes, et finalement changer de point de vue et trouver qu'elles étaient très modernes, très d'avant-garde.

Cela étant, il y avait autre chose qui empêchait de le suivre dans son refus de la Ve République. Beaucoup voyaient en Pierre Mendès France la solution politique d'avenir ; or, il poussait son refus de la Ve si loin qu'il n'envisageait même pas de se présenter aux élections présidentielles. Ainsi, les mendésistes, qui espéraient que Mendès revienne au pouvoir, voulaient absolument obtenir de lui qu'il lève le tabou, l'interdit de l'élection présidentielle, qu'il accepte de s'y présenter pour pouvoir exercer à nouveau le pouvoir.

Le débat donc était compliqué : se juxtaposaient le débat purement intellectuel, sur lequel on pouvait résister et être au moins partiellement convaincu par Mendès France, et le débat proprement politique, où l'on retrouve l'extraordinaire différence, l'opposition radicale entre Mendès et Mitterrand. Quoi que Mitterrand ait pensé du bien-fondé ou non de l'élection présidentielle en soi, il a tout de suite compris que c'était un levier, et il s'est servi du levier dans la conquête du pouvoir. Alors que, pour Pierre Mendès France, à partir du moment où la procédure n'était pas acceptable, il n'était pas concevable de l'utiliser, fût-ce pour exercer le pouvoir. C'était une des deux dimensions dans la discussion avec Mendès France sur la Ve République.

> Était-ce pour répondre aux défauts de la Ve République qu'il avait lancé l'idée du contrat de législature ? Avec Defferre, en 69, en tant qu'éventuel futur Premier ministre, il avait repris cette idée du contrat de législature. Il ne voulait donc pas se présenter comme président, mais comme Premier ministre appliquant un tel contrat.

L'idée de contrat de législature vaut à la fois critique du parlementarisme du type IVe République, ou à l'italienne, et critique des excès du présidentialisme. Ceux qui sont appelés à diriger le pays pour un projet, pour appliquer un programme, un contrat, seront jugés à l'échéance. On va exercer le pouvoir pendant une durée stable et fixée à l'avance, par opposition à l'Italie par exemple, on va disposer du pouvoir pour cinq ans, on ne sera jugé qu'au terme de ces cinq ans, et l'on a le droit, pendant ces cinq ans, de gouverner. Mais l'idée de contrat implique aussi que la désignation du chef n'est pas un chèque en blanc, ne vaut pas un blanc-seing, mais ne se fait que sur un certain nombre d'objectifs et de mesures politiques précises.

Lorsque Pierre Mendès France défend le contrat de législature, il défend une forme de démocratie majoritaire et de démocratie moderne qu'il veut opposer à la dérive parlementariste du type italien, et aussi à la dérive présidentialiste du type français.

Ce qui est intéressant, c'est l'évolution qu'aujourd'hui certains souhaitent pour la Ve République ; par exemple, ceux qui envisagent de ramener le mandat présidentiel de sept à cinq ans s'inspirent, d'une certaine manière, du contrat de législature. Donner le pouvoir pour cinq ans d'une part ; et, d'autre part, inéluctablement le donner sur de grands objectifs sur lesquels le peuple juge à la fin du processus. Là encore, il y a une forme de modernité posthume de Pierre Mendès France.

Est-ce qu'il y a d'autres raisons, notamment le fait que Pierre Mendès France fut juif, qui expliquent qu'il ait toujours refusé de se présenter à la présidentielle, ou est-ce que c'était uniquement une raison de principe ?

Il est très difficile de chercher à faire la part des facteurs de l'opposition de Pierre Mendès France à l'élection présidentielle. La raison de principe est tout à fait déterminante, il n'y a aucun doute, surtout chez cet homme intransigeant. Mais il faut aussi savoir que son refus se situe à une époque où la France était assez largement différente de ce qu'elle est aujourd'hui, notamment pour ce qui concerne l'antisémitisme latent de la société française. Des sondages d'opinion faits à l'époque montraient qu'une forte majorité de Français disaient refuser de voter pour un juif à la présidence de la République ; cet antisémitisme n'existe plus aujourd'hui. Le racisme s'est plutôt déplacé contre les Arabes. Donc, ce n'est peut-être pas tellement le fait que, personnellement, il pouvait être victime de cela, mais le fait que, dans un procédé aussi fruste qu'une élection présidentielle, des choses comme ça pouvaient jouer. Voilà qui renforçait le refus de l'élection présidentielle par Pierre Mendès France. S'y ajoutait aussi la lutte, la rivalité avec François Mitterrand.

Au début des années soixante, un peu avant l'élection présidentielle de 1965, lorsque l'on ne sait pas encore qui portera le drapeau de la gauche non communiste à l'élection présidentielle, François Mitterrand se promenant un jour avec le professeur de droit René de Lacharrière, qui avait été un des responsables du cabinet de Pierre Mendès France lorsqu'il était à Matignon, lui confie : « Moi, je ne me présenterai jamais à l'élection présidentielle, je suis totalement déterminé, je ne veux pas me présenter à l'élection présidentielle, et vous pouvez le dire à Mendès. » Rentré chez lui, immédiatement Lacharrière appelle Mendès et lui dit : « Je viens de me promener avec François Mitterrand, il est formel, il dit qu'en aucun cas il ne se présentera à la présidentielle. » Et Mendès de lui répondre : « Alors il le fera. » Ainsi, tout éloignait Pierre Mendès France de la candidature à la présidence de la République.

> Le mythe Mendès existe-t-il ? Pourquoi ? Est-ce parce que Mendès a été de nombreuses fois en position de recours sous la IVe République, mais aussi sous la Ve République ? Ou bien est-ce que c'est plutôt l'image de rigueur intellectuelle et morale qu'il a laissée qui justifie ce mythe ? Est-ce que ça représente quelque chose aussi pour les jeunes générations, et est-ce qu'aujourd'hui des étudiants de Sciences Po ou des jeunes hommes qui entrent en politique peuvent se reconnaître en Mendès France, et s'en servir comme exemple ?

On parle souvent du mythe Mendès, mais le terme « mythe » est ambigu parce que l'on peut le traduire par « illusion » ou par « espérance ». Si l'on veut dire par là la capacité exceptionnelle qu'a eue Pierre Mendès France pour incarner l'espérance, alors, oui, en ce sens-là, il y a un tout à fait remarquable mythe Mendès. Sur près de quarante ans, Pierre Mendès France existe de son vivant comme attente de quelque chose qui puisse s'incarner en lui, et depuis qu'il a disparu il existe comme modèle de la juste manière de faire de la politique.

De son vivant, d'une certaine façon, dans sa

malchance d'exclu permanent du pouvoir, Pierre Mendès France a eu de la chance : il a incarné, chaque fois, le contrepoint de ce qu'on n'aimait pas dans le pouvoir en place. Il a incarné sous la IVe République l'anti-Quatrième absolu. La parenthèse idyllique fut le contraire de la Quatrième ; la Quatrième, c'était l'incapacité à faire ; la Quatrième, c'était le jeu des cliques, des factions, des appareils, Mendès France est un homme qui ne dépend pas d'eux. La Quatrième, c'était l'indécision ; Mendès France c'est la décision, etc.

Ensuite, intervient la grande rupture de la Ve République, et là, très vite, Mendès va incarner l'anti-de Gaulle, c'est-à-dire celui qui refuse l'autoritarisme, le recours aux méthodes d'exception, celui qui est respectueux de la délibération publique, de l'échange, de la démocratie.

Enfin, dans un troisième temps, Mendès va incarner, même si personne n'osera le dire trop directement, l'anti-Mitterrand. Mitterrand, c'est le calcul, la ruse ; Mendès, c'est la ligne droite, la détermination. Mitterrand, ce sont les concessions et les alliances plus ou moins contre nature ; Mendès, c'est : « Disons ce que l'on fait, faisons ce que l'on dit. » Mitterrand, c'est une forme de concession aux méchancetés ou aux anomalies inévitables du politique ; Mendès, c'est le refus de certaines formes de cruauté et de certaines formes de compromission.

L'anti-Quatrième, l'anti-Guy Mollet, l'anti-de Gaulle, l'anti-Mitterrand, chaque fois Mendès France est la figure de l'autre façon de faire de la politique. Et après sa disparition, curieusement, ceci va survivre, notamment à cause des dégradations de la gauche au fil des années durant lesquelles elle exerce le pouvoir. Lorsque l'on revient à une exigence de moralité publique très élevée, à une exigence d'objectifs clairs et fixés, lorsque l'on dit : « Si vous pouvez peu, dites au moins ce que vous pouvez, quand et comment vous allez le faire », on redonne toute sa force à la méthode Mendès.

Vous avez trois Premiers ministres de gauche, au moins, qui se sont assez explicitement référés à Pierre Mendès France, aussi impertinente cette référence puisse-t-elle être pour l'actuel président de la République : Laurent Fabius, qui avait, à ma connaissance, deux photos sur son bureau, celle de François Mitterrand et celle de Pierre Mendès France ; Michel Rocard qui a toujours voulu que le rocardisme soit une certaine forme de mendésisme d'aujourd'hui ; et Pierre Bérégovoy qui a d'abord été mendésiste, et qui, ensuite, a repris, au moins partiellement, à Pierre Mendès France, l'idée d'un calendrier. Il y a donc une extraordinaire postérité de Mendès.

Tant que la politique s'abîmera dans l'exercice approximatif du pouvoir, Pierre Mendès France fonctionnera comme référence.

On le retrouve aussi dans les jeunes générations. Il est difficile de savoir jusqu'à quel point. Il ne faut pas non plus exagérer ; l'ensemble de la population française ne vit pas dans le souvenir admiratif de Pierre Mendès France, ne serait-ce que parce qu'il y a beaucoup de gens qui savent probablement peu de choses sur Mendès. Mais dans la jeune génération cultivée, dans les jeunes élites, par exemple à Sciences Po, c'est tout à fait clair que, pour les gens qui ont une orientation progressiste, une orientation à gauche, Mendès est une référence fondamentale.

Edmond Maire

Pour n'avoir connu Pierre Mendès France qu'à partir des années soixante et des fameux colloques de Grenoble, l'ancien leader de la CFDT est l'un des hommes qui furent les plus proches du mentor de la vie publique française qu'était devenu le chef de gouvernement de 1954, et dont la pensée est la plus fidèle à la stratégie mendésienne tendue vers la justice.

JEAN LACOUTURE : Edmond Maire, comment le jeune syndicaliste que vous êtes dans les années cinquante rencontre-t-il Pierre Mendès France ?

EDMOND MAIRE : Je n'ai vraiment rencontré Mendès qu'au colloque de Grenoble, en 1966. Jusque-là, j'en entendais parler, je m'intéressais à son action, mais c'est au cours de ce colloque qu'il y a eu une discussion sur l'avenir économique, social et politique de notre pays.

Qui organise le colloque de Grenoble ? Quel objectif précis a-t-il ? Comment est-il ?

Il s'agit au fond de confronter les approches modernes des hommes politiques, des hauts fonctionnaires et des syndicalistes ; de se débarrasser un peu de toute la gangue des choix électoraux dans une période très difficile pour les forces de changement ; de dégager des réflexions sur le fond ; de faire passer la proposition avant les calculs politiques.

> La « deuxième gauche », dont vous êtes un protagoniste, est-elle le fruit des colloques de Grenoble ?

A l'époque, on ne parlait pas de « deuxième gauche ». Ce qui dominait la scène politique, c'était le PSU. Il y a aussi les divers courants de la « nouvelle gauche » et non pas de la « deuxième ». La « nouvelle gauche » est due au fait que la SFIO n'apparaissait plus comme pouvant revendiquer clairement le pouvoir au nom des forces de progrès.

L'expression « deuxième gauche » s'est imposée peu à peu à l'esprit bien plus tard. Je ne sais pas où en est l'origine. Mendès était toujours, dans les contacts, très sensible à la notion de « deuxième gauche », à ceux que l'opinion présentait comme étant la « deuxième gauche ». Il s'en sentait proche parce qu'il avait une critique morale, éthique, du pouvoir politique, et y compris des opposants politiques de gauche, qui lui semblaient prendre des chemins discutables du point de vue de la rigueur, du point de vue de la vérité.

Il s'en sentait proche, mais, en même temps, il ne voulait pas qu'il y ait de segmentations au sein de la gauche. Il pensait toujours que la gauche devait gagner unie, avec ses sensibilités diverses.

Je dirais plutôt qu'il était de sensibilité de

« deuxième gauche », mais en faisant bien attention à ne jamais se laisser enfermer dans cette définition.

> Donc, ne jamais couper les rapports avec les composants traditionnels, classiques, de la gauche, c'est-à-dire la SFIO et le Parti communiste ? Dans son esprit, il ne fallait pas les exiler.

Il ne fallait pas les exiler, mais il faut dire même que son contact, ses rapports avec le Parti communiste étaient particulièrement difficiles. Je l'ai vu plutôt dans son attitude vis-à-vis de la CGT, ou des responsables CGT. Il y avait une sorte d'incommunicabilité parce que les démarches étaient trop différentes. Entre la démarche de Mendès France qui a toujours cherché à comprendre ce qu'exprimait un mouvement syndical pour l'intégrer dans une problématique économique et politique, et la démarche des communistes de la CGT, qui revendiquaient pour ne pas faire intégrer leurs apports à quelque démarche que ce soit, et encore moins à quelqu'un qui pourrait diminuer l'influence du Parti communiste, il n'y avait pas de communication.

Il me semble que le Parti communiste ne se maîtrisait pas dans ses rapports avec Mendès France. Il y avait un aspect irrationnel, une exaltation de l'opposition qui reflétait avant tout une crainte, une peur bleue de voir cet homme réussir, conquérir réellement l'opinion ; tout ce qui compte dans l'opinion, c'est-à-dire pour des militants de tous ordres, non seulement des électeurs, mais des forces vives, vivantes, tout ce sur quoi pouvait compter le Parti communiste à la fois pour subsister, mais aussi pour accroître son influence ; car il luttait toujours pour le pouvoir.

A cette époque, il espérait toujours devenir la force dominante d'une majorité et donc, chaque fois que Mendès France parlait, s'exprimait, proposait, il voyait là l'adversaire central ; c'est un réflexe de pouvoir. Ça n'avait rien à voir, ni avec l'intérêt général, ni avec l'intérêt des travailleurs, comme disait le Parti communiste, mais c'était l'intérêt d'un parti face à une alternative qui le décrédibiliserait.

> Dans cette incompréhension, cette opposition tellement irrationnelle et frénétique, est-ce qu'il y a incompatibilité entre des gens qui représentent vraiment le monde ouvrier et un homme public tout de même bourgeois ?

Les rapports de Mendès et du monde ouvrier doivent être interprétés par un fort besoin, chez Mendès, de compréhension. Il savait quelle était son origine sociale et culturelle. On ne pouvait pas attendre de lui qu'il se dise légitimement représentant des travailleurs parce qu'un jour il aurait été élu au nom du peuple de gauche et d'une majorité de travailleurs. Au contraire, il reconnaissait pleinement la légitimité d'une expression autonome et forte, représentant la condition ouvrière qu'il ne connaissait pas et qu'il voulait comprendre. Il avait le sentiment d'une profonde injustice subie par le mouvement ouvrier. Il avait plus qu'une attitude de solidarité ; je dirais une attitude de fraternité. Fraternité au sens où cet homme, ce républicain, considérait qu'il devait y avoir, dans notre pays, un lien social entre des composantes diverses, d'origines diverses. Il recherchait en permanence ce lien social et chaleureux.

J'ai toujours trouvé extrêmement agréables et positifs les rapports avec un homme politique qui reconnaissait que sa légitimité, pour essentielle qu'elle soit, ne supprimait pas les autres légitimités, et qu'il fallait tenter de comprendre, de progresser, d'intégrer cette partie de l'autre qui a le droit d'exister dans son droit, et dont l'intérêt de citoyen, l'intérêt de républicain, l'intérêt général commande de comprendre les motivations.

> Vous avez parlé de fraternité, ce qui va très loin, étant donné la différence de classes ; est-ce qu'un homme qui a subi l'injustice de l'antisémitisme peut avoir plus facilement une fraternité avec ceux qui subissent l'injustice des inégalités sociales ?

L'antisémitisme qu'a subi Mendès France très certainement l'a rendu sensible à d'autres formes de discrimination et d'injustice ; mais dans son rapport avec le monde ouvrier, on voit aussi toute la touche républicaine. Lorsque nous lui exprimions des revendications précises, souvent économiques, portant sur le salaire minimum ou sur la durée du travail, sur la situation de sujétion des salariés, Mendès mettait toujours en priorité le droit ; le droit syndical bafoué, le droit des délégués licenciés parce que certains patrons ne voulaient pas qu'il y ait une contestation chez eux, le droit du travail : la liberté syndicale comme priorité avant même la prise en compte des revendications économiques.

Cela me semble une attitude profondément républicaine de la part de quelqu'un qui, effectivement, ne vient pas du monde ouvrier, mais comprend que le ressort, la voie de la plus grande égalité, la voie d'une plus grande cohésion sociale passent par une égalité de droit qui reste à conquérir.

> N'y avait-il pas chez lui un côté un peu trop théorique ? Quand vous parliez des problèmes du monde du travail, ou des problèmes de la vie publique de la France, n'était-il pas un peu abstrait, était-il capable d'entrer vraiment dans le concret, de parler d'un problème d'habitat ou de salariat très immédiat ?

Il était effectivement abstrait, souvent intellectuel. Pour ma part, je trouvais très positif que des problèmes sociaux posés les uns au bout des autres soient ainsi rassemblés à un autre niveau pour voir comment des politiques générales pourront résoudre des problèmes particuliers ; comment une programmation pourra permettre que, progressivement, ce qui n'est pas aujourd'hui compatible avec les équilibres économiques le sera demain. J'ai éprouvé cette approche rigoureuse et intellectuelle avec un très grand intérêt lorsque, pendant environ un an, il a rassemblé autour de lui une quinzaine de syndicalistes, de hauts fonctionnaires et d'hommes politiques, en général de tendance moderniste, pour préparer un programme pour la France.

Dans cet aréopage, on retrouvait Pierre Lebrun de la CGT, j'y étais pour la CFDT, il y avait quelqu'un de la FEN, il y avait Gilles Martinet, que l'on a retrouvé ensuite, il y avait Michel Rocard qui venait de temps à autre, et quelques autres...

Nous croyions, et moi le tout premier, qu'il se préparait à être un jour candidat à l'élection présidentielle. En fait, ça n'a jamais été le cas, mais c'était la même démarche. Je trouve que cette façon d'embrasser peu à peu l'ensemble des problèmes de la société française pour les rassembler dans la cohérence d'un programme, d'un ensemble de propositions convergentes à un niveau supérieur à celui où les revendications étaient posées, est une démarche remarquable. C'est une démarche que je souhaiterais voir épouser par nos responsables politiques, qu'ils soient de la majorité ou de l'opposition.

L'éducation devait être un des thèmes majeurs de ses demandes de travaux ?

J'ai toujours noté chez lui un souci éducatif mais qui était d'abord celui de faire progresser son interlocuteur, de le pousser à voir les conséquences de ses demandes ou de ses exigences, à synthétiser ses diverses observations qui pouvaient être, en partie, contradictoires. C'est-à-dire une démarche éducative qui s'adressait aussi par moment au domaine précis de l'éducation, mais probablement moins avec moi, à cette époque, que publiquement.

Ne lui arrivait-il pas de vous consulter, de vous téléphoner en disant : « Cher ami », ou « Maire », « venez me voir. J'ai une question, un problème précis à résoudre sur ceci ou sur cela, sur une question de salaires, un travail que je veux faire »... ?

Les discussions que Mendès France a eues avec moi quand il me proposait de le rencontrer, souvent avec un ou deux autres amis, portaient sur des problèmes un peu plus généraux que les purs problèmes salariaux. Par exemple, nous avons discuté longuement, et très souvent, au cours de Mai 68, au début, pendant et près. Plus tard, à propos de l'autogestion, il sentait un souffle de régénération de la vie politique et de la vie civique, mais il ne voulait pas seulement se satisfaire d'un flou, d'une certaine abstraction, d'une certaine utopie ; il voulait comprendre en détail, pouvoir traduire cela, traduire avec ses mots, traduire autrement.

Les rencontres que j'ai eues avec lui avaient un peu le même sens que lorsqu'il est allé à Charléty en 68. Il voulait absolument tenter de comprendre, d'écouter. « Il faut absolument que je comprenne si je peux être un responsable de ce pays, disait-il ; il y a des risques d'incompréhension, mais je veux comprendre ; je veux être avant tout quelqu'un qui intègre le nouveau en même temps que des problèmes qui se posent toujours dans notre pays. »

Vous avez parlé de Mai 68, ne pensez-vous pas que Mendès a été un peu naïf sur le mouvement et n'a pas épousé une sorte de mode, « la mode est aux jeunes, il faut que je sois avec les jeunes, parce que les jeunes sont l'avenir » ? Est-ce qu'il n'y a pas un peu de naïveté de vieil oncle à ne pas se couper de la jeunesse ?

Pour comprendre le rapport aux jeunes de Mendès en 68, il faut quand même se rappeler cette époque ; nous étions très nombreux à croire qu'un ébranlement fondamental de la société se produisait. D'ailleurs, il s'est produit. Il s'est produit dans l'ordre culturel ; il ne s'est pas produit dans l'ordre politique, ni dans l'ordre économique. Il s'est produit du point de vue d'un changement réel de mentalité qui a marqué toutes les générations ensuite. Ce mouvement était assez fort pour que de Gaulle lui-même s'en aille à Baden-Baden, craignant de ne plus pouvoir contrôler ce pays. Dire que Mendès n'a pas été influencé par cette situation, comme nous l'étions tous, serait faux. Bien évidemment, il était influencé, mais, en même temps, il recherchait le sens de ce qui se passait, justement le sens des changements culturels en cours.

Et c'est vrai que les jeunes l'exprimaient bien mieux que d'autres. Le mouvement syndical à cette époque a organisé beaucoup d'actions, de grèves, mais l'animation était le fait, la plupart du temps, de jeunes, ou en tout cas de militants qui se sont branchés sur les jeunes, qui sont allés dans les universités pour écouter, pour comprendre ce qui se passait.

Mendès a eu la même attitude. Je ne crois pas qu'il ait pour autant dérapé. Finalement, je préfère cette attitude-là à celle d'un homme politique – qui a eu beaucoup de succès par la suite et demeure aujourd'hui au premier plan de notre pays – qui découvrait l'autogestion quinze jours après la rentrée du dernier gréviste. Il y a eu chez Mendès une volonté de présence que je salue.

Diriez-vous que vos relations avec Pierre Mendès France, à la fin de sa vie, comportaient une part d'affectivité, parce que l'on parle relativement rarement de l'affectivité de Mendès France ? Pensez-vous qu'il vous tenait pour un collaborateur utile, sympathique, ou que vous aviez une relation un peu au-delà de la collaboration professionnelle et politique ?

Dans les dernières années de sa vie, nous avons eu souvent des occasions de nous rencontrer, invités par tel ou tel ami, dans tel ou tel lieu, au *Nouvel Observateur*, par exemple, ou ailleurs, et il y avait bien le sentiment réciproque d'un accord sur la méthode, d'un accord sur l'éthique du débat politique, le refus des attitudes démagogiques électoralistes. Lorsqu'il est mort, nous étions en train de préparer un dialogue pour la télévision. Dans les jours où il travaillait sur cette émission, nous discutions de l'avenir, notamment des traductions concrètes que l'on pouvait donner au souffle des jeunes, au souffle que portait l'autogestion des années auparavant. C'est alors que sa disparition est intervenue. Nous étions à ce moment dans une proximité dont je me suis toujours honoré.

Trouvez-vous que l'histoire ne lui a pas assez souvent passé les plats, et qu'il eût mieux valu qu'il fût plus longtemps au pouvoir, ou bien pensez-vous que cette brièveté au pouvoir, d'une certaine façon, augmente sa gloire ?

Le fait qu'il soit resté peu de temps au pouvoir, pour des actions marquantes, programmées, efficaces, a évidemment ajouté à son aura. L'exercice prolongé du pouvoir aurait peut-être créé une autre impression. Mais il n'empêche que cet homme reste un modèle, et en ce sens il est irritant. Il a toujours été irritant pour les médiocres, pour les amateurs de petites combines, de calculs, pour les manœuvriers.

Cette volonté d'un langage de vérité public, permanent, cet appel à l'effort est tellement éloigné de ce qu'est trop souvent la vie politique que Mendès France reste, à juste titre, l'image même de ce qu'il faudrait que soient les hommes politiques pour être pleinement crédibles. De mes anciennes activités de syndicaliste me reste toujours ceci : Mendès France est l'homme politique rêvé pour un syndicaliste pleinement responsable, efficace, utile.

Pierre Bérégovoy

Quand, à la tribune de la Chambre, le Premier ministre de mai 1992 se réclame des leçons de rigueur et de réalisme reçues de Pierre Mendès France, il est écouté avec attention : militant syndicaliste, membre d'un « club » très mendésiste créé par Alain Savary, puis ministre des Affaires sociales ou des Finances, il n'a cessé de pratiquer un mendésisme au quotidien, fruit d'une longue application et de ce qu'on peut appeler de vrais « travaux pratiques ».

JEAN DANIEL : Pourriez-vous me rappeler comment vous avez connu Pierre Mendès France ?

PIERRE BÉRÉGOVOY : Je l'ai connu quand j'étais adolescent parce que mes parents, à cette époque-là, habitaient Caudebec-lès-Elbeuf, et Pierre Mendès France était député de Louviers. Entre Elbeuf et Louviers il y a dix-sept kilomètres. En 1938-1939 l'homme était célèbre. Il était le plus jeune député, il avait été le plus jeune ministre. Mon père était de tendance radicale-socialiste, et Pierre Mendès France était pour lui un bel exemple à la fois de réussite et de compétence économique.

Après la guerre, il est redevenu député et, à ce moment-là, j'étais un Rouennais. Mon père est décédé en 1948; je me souviens que le dernier article qu'il a lu juste avant sa mort était un article qui condamnait la politique suivie par le gouvernement de cette époque.

Je ne l'ai jamais perdu de vue, mais je ne l'ai rencontré, pour la première fois, qu'en 1956 au Havre. Il était à l'époque ministre d'État du gouvernement de Guy Mollet. Moi, j'étais jeune dirigeant du parti socialiste SFIO de la Seine-Maritime, et j'étais invité au banquet des jeunesses radicales que Mendès présidait. Inutile de vous dire que j'ai répondu rapidement à cette invitation, et que j'ai eu l'occasion de lui parler longuement. Je lui ai demandé pourquoi il n'était pas Premier ministre, puisque cela avait ma préférence, bien que le Premier ministre de l'époque ait été le secrétaire général du parti socialiste SFIO : Guy Mollet. Il m'a donné les explications que l'on sait, et j'ai senti naître un courant d'intérêt. Nous avons parlé longuement de l'Algérie, et je sentais déjà, à cette époque, qu'il allait bientôt démissionner. Ensuite le temps a passé, et l'Union des forces démocratiques s'est constituée en 1958 regroupant les dissidents de la SFIO, l'UDSR de François Mitterrand. Pierre Mendès France n'avait pas encore rejoint le PSA. C'est à ce moment-là que je l'ai rencontré, avec Mitterrand d'ailleurs. Il y a eu en 1958 une réunion pour parler de la guerre d'Algérie et du refus de la Constitution. Ensuite, en 1960, lors de la révolte d'Alger, on s'est rencontré, puis en 1961 lorsqu'il était au PSU. J'avais animé à un congrès du PSU une tendance type mendésiste, avec Charles Hernu, Hovnanian, André Philip, Georges Suffert, et Mendès nous avait reçus. On a même eu un déjeuner à *L'Express* avec Jean-Jacques Servan-Schreiber.

Alors, nos relations se sont nouées. Il m'a demandé de lui donner mon avis sur tel ou tel problème syndical, puis du syndicalisme on est passé au social, du social on est passé à l'économie, et, à partir de là, notre collaboration a été régulière.

De quelle sorte était votre collaboration ?

Ma collaboration, c'était la réponse aux questions qu'il me posait et les entretiens qu'il m'accordait, sur le plan social, et petit à petit sur le plan économique. Par exemple, j'ai collaboré à son ouvrage, *La République moderne,* publié en 1962, que Colette Audry révisait. Je revoyais le texte au plan de ce que Mendès appelait la démocratie économique et sociale. Je lui dois beaucoup parce que la confiance dont il m'honorait m'encourageait.

Puis du social nous sommes passés à l'économique et au politique. Peut-être vous souvenez-vous, Jean Daniel, que lorsque vous l'avez interviewé, avec d'autres, pour *Le Nouvel Observateur,* sur la prise de position en faveur de la candidature de François Mitterrand en 1965, je me trouvais dans votre appartement, au côté de Pierre Mendès France, qui m'avait demandé de l'accompagner.

A ce moment-là, j'avais pensé, par erreur, que vous étiez un collaborateur fonctionnel.

Non, pas du tout, je travaillais au Gaz de France, mais j'exerçais des responsabilités au sein du Parti socialiste unifié, puis ensuite au Parti socialiste, dans le cadre d'un club auprès de François Mitterrand à partir des années 67-68 ; j'étais un collaborateur non pas occasionnel, mais un collaborateur affectif. Il me téléphonait, je lui téléphonais, nous nous écrivions.

Il vous faisait confiance.

Il me demandait des notes.

Vous soulevez un point d'importance ; on a souvent cru pouvoir détecter chez Pierre Mendès France une sorte de vision économique du social, un manque de proximité avec le problème social.

Je ne crois pas. Au contraire, la question sociale l'obsédait. Il souhaitait vraiment, lui qui était attaché aux grands équilibres, à la monnaie, que la participation des salariés à la vie des entreprises, à la vie des régions et à la vie des nations, soit beaucoup plus importante. Il a été un des premiers à poser le problème de la collaboration des syndicats à l'intérieur du Marché commun.

Dès le début que vous l'avez connu ?

Oui, cela l'obsédait. Quand il a pris position pour le Marché commun, car il avait eu un temps d'hésitation comme vous le savez peut-être, Mendès France était très cartésien et croyait aux structures.

Je me souviens de ses nombreuses interrogations sur les comités d'entreprise, sur les conventions collectives et les accords d'entreprises, sur la présence dans les conseils économiques et sociaux régionaux de syndicalistes, il croyait beaucoup aux structures, et en quelque sorte aux institutions.

C'est un homme habité par le droit. Moi, j'étais un peu plus pragmatique. Je lui disais que les choses ne se passaient pas toujours comme cela, que le syndicalisme français était divisé, et que le conduire à la participation et à la cogestion était quelque chose d'assez inadapté à la tradition syndicale française. Mais dans *La République moderne,* vous trouvez des éléments de la participation des syndicalistes à la vie économique que l'on retrouve un peu dans le projet de De Gaulle, décentralisation et participation, mais non sur la formation du Sénat. La participation, pour lui, prenait une forme plus élevée, sans doute, que dans l'esprit des gaullistes historiques. Mais il y était très attaché. Vous vous souvenez, peut-être, de l'amendement Vallon ; c'était un moment important disons du septennat du général de Gaulle, et Mendès France m'avait demandé une étude sur ce point. Je lui avais dit que c'était au travers des comités d'entreprise qu'il serait difficile de venir à la cogestion, mais que l'on pouvait faire du comité d'entreprise un organisme important.

Comment avait-il réagi ?

Très bien ; parce que le débat était de savoir s'il devait y avoir secret ou discrétion. A partir du moment où l'on veut donner vie aux comités d'entreprise, il faut lever le secret sur la vie de l'entreprise, sauf en cas de force majeure. Car il faut que les syndicalistes, ou les délégués du personnel représentés dans les instances paritaires, puissent rendre compte à leurs camarades. Il était d'accord. Il était pour le dialogue direct. Ensuite, quand la pensée des uns et des autres a évolué, l'autogestion sous cette forme très concrète lui paraissait en effet un mode de participation. Il ne s'agissait pas de dissoudre dans une sorte de magma les responsabilités des uns et des autres, mais son idée centrale était d'associer les responsabilités. Cette idée est toujours vivante ; vous la retrouvez dans les lois Auroux, vous la retrouvez dans la démocratisation du secteur public qui a été décidée par le gouvernement de Pierre Mauroy, que j'ai présentée moi-même d'ailleurs à l'Assemblée nationale et au Sénat, puisque j'étais, à l'époque, chargé de ce secteur. Et j'ai toujours pensé aux idées de Mendès là-dessus.

Au fond, il considérait qu'au milieu du XXe siècle la démocratie politique devait s'accompagner d'une démocratie économique. Et c'est à travers la démocratie économique qu'il voyait la dimension sociale de l'action syndicale, de l'action des salariés.

> C'est très intéressant. En somme, vous avez subi de grandes influences dans votre vie : celle de Pierre Mendès France, celle de François Mitterrand. Comment les avez-vous conciliées et par quoi les différenciez-vous ? Par quel clivage ?

Les deux hommes étaient différents. Je crois qu'ils avaient la même passion du droit, le même intérêt de la France, et sans doute la même vision un peu prophétique de l'avenir.

Avant de revenir à cette question que vous me posez, et qui mérite réflexion, je pourrais dire, si vous le permettez, ce qu'ils m'ont apporté.

Pierre Mendès France m'a donné confiance. On a assez dit que j'étais un autodidacte pour que je n'y revienne pas, encore que j'aie fréquenté en tant que syndicaliste la faculté de droit de Strasbourg, mais peu importe. Quand un homme, pour lequel j'avais une aussi grande admiration, me demandait mon avis, retenait un certain nombre de mes avis, me parlait comme je vous parle, avec sympathie et simplicité, cela me donnait confiance.

Ensuite, il m'a appris à mettre de l'ordre dans mes idées. Vous pensez bien que lorsqu'on demande à un syndicaliste, même s'il exerce des responsabilités de cadre au Gaz de France, de faire une note pour l'ancien président du Conseil, dont l'aura était extraordinaire, ce syndicaliste essaie de clarifier ses idées, de les rendre claires, concises. Donc Mendès m'a beaucoup apporté.

François Mitterrand, que j'ai connu à peu près à la même époque, mais avec qui je n'ai vraiment collaboré qu'à partir de 1971-1972, pour l'élaboration du Programme commun et ensuite pour son actualisation, m'a appris deux choses : la puissance de la volonté en politique, d'où la formule « Quand on veut, on peut », et le temps, la maîtrise du temps. Ça, c'est très important.

Je reviens maintenant à votre question. Mendès

France regardait la carte de la planète et considérait non seulement la décolonisation, la guerre d'Indochine, la guerre d'Algérie, mais aussi les problèmes de la Corne de l'Afrique. Combien de fois m'a-t-il dit : « Il faudrait que les Africains puissent faire une sorte de Marché commun. » Il raisonnait de la même façon lorsqu'il s'agissait de l'océan futuriste.

> Il avait même un projet pour les nations sous-développées.

Oui, tout cela était tout à fait raisonnable et souhaitable. C'était une vision de l'avenir où l'ONU, Bretton Woods, le Fonds monétaire international, Banque mondiale essayaient de faire collaborer les nations. Et ensuite, sa volonté européenne qui ne s'est pas démentie.

François Mitterrand a, ne croyez pas que je veuille jouer les flatteurs, une même vision de l'Europe, avec une volonté inaltérable pour ceux qui le connaissent depuis 1948, mais aussi une même vision du monde.

Je trouve qu'on devrait relire les livres qui ont publié ses articles, dans le journal socialiste qui s'appelait *L'Unité,* s'agissant de l'Union soviétique. Il m'avait dit, bien longtemps avant d'être président de la République, que l'empire soviétique se disloquerait ; il lui arrivait même de dire : « Avant la fin de ce siècle. » D'ailleurs, lorsque je suis arrivé à la présidence de la République comme secrétaire général en 1981, il a été décidé de constituer une petite équipe de réflexion sur ce qui se passait de l'autre côté du monde. Il n'a donc pas été surpris, comme beaucoup d'autres, par l'événement. Ils ont seulement constaté que l'événement se produisait peut-être à une cadence accélérée. C'est quelque chose qui n'était peut-être pas prévu, ni par les uns ni par les autres.

Donc je veux dire que, dans la vision du monde, ils avaient des comportements identiques.

Passons aux différences. François Mitterrand connaissait l'importance d'une organisation politique; il a pris en compte la Ve République et l'élection présidentielle au suffrage universel. Pierre Mendès France n'attachait pas une grande importance aux formations politiques. Il avait pourtant été président du Parti radical, mais il n'a jamais voulu prendre en compte les institutions de la Ve République. C'est sans doute parce qu'il pensait que ces institutions mal faites, autoritaires, déboucheraient tôt ou tard vers une sorte de cataclysme.

C'est né dans la rue, ça finira dans la rue.

Oui, et François Mitterrand pensait qu'il avait tort; les institutions finalement sont ce que nous voulons bien en faire.

Je peux témoigner aujourd'hui, comme Premier ministre, que François Mitterrand laisse beaucoup de liberté au Premier ministre, celui-ci n'est pas soumis.

Peut-être à vous plus qu'à d'autres.

Non, c'était déjà vrai avec mes prédécesseurs. L'instruction qu'il m'avait donnée quand j'étais secrétaire général de la présidence de la République, en me chargeant de la répercuter auprès des conseillers techniques, était : il ne faut pas que les conseillers techniques du président de la République se prennent pour des ministres. Et je me suis comporté comme cela, malgré tout ce que j'ai pu lire à ce sujet. Pierre Mauroy vous dira, maintenant que le temps a passé, que nos relations ont été bonnes et efficaces, parce que justement, en tant que secrétaire général de la présidence de la République, je l'alertais sur les difficultés que l'on pouvait rencontrer et sur l'état d'esprit du président. Mais l'harmonie était très grande.

Après, je suis devenu ministre, et les choses n'ont pas beaucoup changé.

> Revenons sur la différence des tempéraments, alors. Vous avez été l'ami des deux hommes, vous avez une expérience extérieure. Tout le monde connaît les positions qu'ils ont prises, leurs différentes approches de la politique, mais vous, dans l'intimité que vous avez eue avec eux et que vous avez toujours avec l'un d'eux, quelle différence de tempérament, de personnalité, voyez-vous ?

Je ne saurais le dire, je ne peux pas porter de jugement. Je n'ai peut-être pas le recul suffisant.

Je viens de vous dire que François Mitterrand, par son acceptation du fait présidentiel et de l'élection au suffrage universel du président, avait compris l'importance d'une formation politique, d'un rassemblement d'un camp face à l'autre. On peut le déplorer d'ailleurs, mais c'est comme ça.

François Mitterrand, en grand politique, ayant compris l'importance du rassemblement du camp du progrès contre le camp conservateur, l'on pourrait dire de la gauche contre la droite, s'est donné les moyens politiques – il en avait les moyens intellectuels – de remporter la victoire de 81.

Pierre Mendès France était contre cette élection, et il n'a pas souhaité, à aucun moment, être candidat. Voilà peut-être une différence. Pour le reste, les hommes sont sans doute dissemblables.

> Est-ce qu'on peut dire qu'il y en avait un qui était un homme de contrats, de paris, de l'échéance, de l'urgence de l'action dans une détermination accélérée, et que l'autre a plutôt le goût de l'accommodement, de l'apprivoisement du temps ?

Non, je vous ai dit tout à l'heure que François Mitterrand m'avait appris que le temps était notre souverain, ce qui ne l'empêche pas de décider vite. Il faut savoir regarder loin devant soi. Je crois que, s'agissant de l'histoire du monde, Mendès aussi savait regarder loin.

Pour toute décision qui est prise aujourd'hui, il faut essayer – c'est tout l'art de gouverner – d'en mesurer les conséquences dans quelques mois, dans un an, ou dans deux ans. Je crois que ça François Mitterrand sait le faire. En 1986, lorsque le résultat des élections a été connu et que la cohabitation à laquelle il s'attendait est devenue réalité, il a su, dès ce moment-là, ce qui se passerait en 88.

Avait-il pris sa décision ? Je ne le crois pas, François Mitterrand est un homme assez responsable pour penser que les événements peuvent bouleverser un raisonnement, mais il avait prévu ce qui allait se passer. Il avait la maîtrise du temps.

Vous dites que Mendès était l'homme des paris, des contrats... François Mitterrand l'est aussi. Vous ne pouvez pas dire qu'il n'a pas pris de contrat en 81 et en 88. Un septennat, c'est sept ans ; le gouvernement de Pierre Mendès France sous la IVe République a tenu sept mois et dix-sept jours, la durée était courte.

> Comment expliquez-vous que pendant sept mois et dix-sept jours de pouvoir, Mendès France ait laissé une telle trace ? Jusqu'à provoquer aujourd'hui un consensus extraordinaire ; tous les héritiers de ses anciens ennemis se réfèrent à lui, tout le monde l'invoque, à droite, à gauche, au centre. Qu'est-ce qui fait cette légende, ou cette réalité ?

On en revient au temps, le temps efface beaucoup de souvenirs. Rappelez-vous la haine de la droite, et d'une petite fraction de la gauche à l'égard de Pierre Mendès France, à cette époque-là, en 1954-1956 ; la méfiance qu'il suscitait dans les rangs de la SFIO, car finalement M. Coty a préféré Guy Mollet à Pierre Mendès France.

C'est vrai que trente-cinq ans après, le jugement de l'histoire est différent. Je crois qu'on a retenu, et on a eu raison, la fin de la guerre d'Indochine au forceps, avec un courage, une témérité aussi admirables. On a retenu la vision de la décolonisation, et je crois qu'on a eu raison. L'écho qu'a suscité

Mendès dans la jeunesse ne s'est pas dissipé. Il a donc laissé une trace durable dans notre histoire. Sa méthode était très claire.

Elle vous inspire aujourd'hui ?

Oui, tout à fait. J'ai retenu trois mots dans ma première déclaration publique, et surtout dans mon discours de politique générale devant le Parlement : décider, expliquer, convaincre. Et ça, je l'ai retenu de Pierre Mendès France qui décidait et qui expliquait à ceux qui écoutaient sa causerie à Louviers. C'était assez extraordinaire : expliquer pour convaincre ; je crois que c'est la marque de la politique dès lors que l'on veut avoir le soutien du peuple, dans les grandes circonstances comme dans les petites.

Quand vous étiez près de lui au moment de l'élaboration du Programme commun, il était contre l'alliance avec les communistes. Il a eu des rapports épouvantables avec les communistes. Il était contre les nationalisations, contre beaucoup de choses, et vous, vous étiez au cœur de la chose.

Oui, mais c'est bien plus compliqué que cela. C'est encore une vision simplificatrice. Souvenons-nous. En 1966, il y a les rencontres à Grenoble, auxquelles vous avez assisté, et d'où émerge une personnalité socialiste, Georges Servet, pseudonyme de Michel Rocard.

J'accompagne Pierre Mendès France dans le train qui nous mène à Grenoble, nous déjeunons ensemble. Il a préparé son discours, dans lequel il parle de contrat de gouvernement.

Nous sommes en 1966. A l'époque, le parti socialiste SFIO n'est pas pour un programme commun avec le Parti communiste, et Mendès France parle du contrat de gouvernement – c'est l'expression qu'utilise le secrétaire général du Parti de l'époque, M. Waldeck-Rochet – et il me dit que c'est dans cet esprit qu'il faut travailler.

Les rencontres de Grenoble font émerger une gauche intellectuelle qui secoue quelques idées reçues, apparaissant comme une opposition aux partis traditionnels, aussi bien à la Fédération de la gauche de François Mitterrand qu'au Parti communiste.

C'est cela que l'on a retenu. On n'a parlé de discours de Mendès qu'après. Le contrat de gouvernement est passé tout à fait inaperçu.

A cette époque, il y a quelques tensions entre François Mitterrand et Pierre Mendès France. Ils se rencontrent. Pierre Mendès France doit partir aux États-Unis, François Mitterrand est dans la voiture, et c'est moi qui les conduis jusqu'à Orly. Là, ils évoquent leur conversation, le rapprochement qu'ils souhaitaient, et Mendès dit à Mitterrand : « Vous pouvez passer par Pierre Bérégovoy qui a ma confiance », et c'est à ce moment que je parle un peu plus avec François Mitterrand, que j'avais déjà rencontré avec Georges Dayan. Je considérais que la démarche politique unitaire de François Mitterrand était la bonne, mais les esprits, à gauche, n'étaient pas encore prêts au Programme commun. J'avais dit à Pierre Mendès France : « Pour ce contrat de gouvernement, ils ne sont pas mûrs. » Arrive le Programme commun ; je ne peux pas dire que Pierre Mendès France en était adepte. Nous en avons parlé. C'était un programme qui ne comportait pas autant de folies qu'on l'a dit, surtout lorsqu'il a été actualisé. Pierre Mendès France n'était pas aussi hostile que vous le dites aux nationalisations ; mais il considérait qu'il fallait que les grands équilibres économiques soient respectés. Il avait bien raison.

Rappelez-vous son discours de 1959, lorsqu'il avait dit qu'il fallait prendre la Bastille économique. Il avait dit : « Je ne dis pas les Bastilles, mais la Bastille, le pouvoir des féodalités économiques et financières. » Relisez ses entretiens avec Bevan et Pietro Nenni publiés dans votre journal de l'époque. Il disait qu'il fallait un certain nombre de nationalisations, mais que ce n'était pas la seule méthode pour que le pouvoir économique puisse agir dans le sens de l'intérêt général.

Les critiques de Pierre Mendès France étaient plutôt, à l'égard du Programme commun, sur les mesures de caractère social : « Vous ne pourrez pas donner tout cela parce que l'économie risquerait de ne pas y résister. »

> « On ne peut pas distribuer sans créer », disait-il. Il vous a beaucoup influencé là-dessus.

Je n'ai pas changé d'avis : on ne peut pas distribuer sans produire, et pour produire, il faut naturellement une économie moderne. Il y avait un débat sans doute entre Mendès et Mitterrand là-dessus.

Mendès se considérait comme un grand économiste, et il l'était. Et François Mitterrand connaît aussi très bien l'économie. Il nous disait, je m'en souviens, c'était en 1972 ou 1971 : « Je peux lire tous les livres d'économie que je veux, on dira toujours que j'en connais moins que Mendès. » Mais soyez sûr que François Mitterrand n'est nullement ignorant des règles de l'économie, mais il leur donne une dimension économique, politique et sociale. C'est un peu comme ça qu'il faut raisonner.

Comment expliquez-vous la haine des communistes contre Mendès France à un moment donné ? En tout cas, le soupçon terrible, la volonté de l'écarter, qui a provoqué une partie des réactions de Mendès France en retour.

Je crois que le Parti communiste de cette époque-là s'accommodait d'une gauche morcelée et faible, et il avait pressenti que Pierre Mendès France pouvait reconstituer une gauche qui pourrait parler d'égal à égal avec lui. Il faut dire que le Parti communiste des années 1950-1955 était très sectaire, mais il était aussi très influent.

Il se souvenait aussi que Mendès France avait récusé leur voix à propos de l'Indochine.

Oui, en effet, il y a eu ensuite le vote de 1954 où, après avoir voté contre Mendès en 1953, ils ont voté pour lui. Mais lui, compte tenu qu'il était engagé dans une négociation difficile avec les Vietnamiens et la Chine, pensait qu'il ne fallait pas que l'on puisse dire que son gouvernement dépendait des communistes. A-t-il eu tort, a-t-il eu raison ? C'est une question que l'histoire tranchera, mais le véritable motif, c'est celui que je vous ai indiqué.

Les communistes n'en étaient pas satisfaits, pourtant ils auraient dû se réjouir de voir la sale guerre d'Indochine, comme ils disaient alors, prendre fin. Par la suite, cette raison a joué. Mais, je crois que les communistes ont toujours eu, à l'égard des personnalités de gauche qui voulaient constituer une force égale ou supérieure à la leur, des réserves, sinon une hostilité.

Waldeck-Rochet s'est rallié à Mitterrand.

Oui, mais s'est-il rallié de plein gré ou sous la pression des événements ? Je crois que Waldeck-Rochet a joué un rôle positif. Rappelez-vous une rupture que j'ai vécue, en 1977 : elle a placé la gauche socialiste et François Mitterrand dans une situation difficile, mais François Mitterrand a gardé le cap. Il y a eu un grand débat à l'époque au sein du Parti socialiste. En 1981, le verdict a été rendu : François Mitterrand faisait 26 %, le Parti communiste 16 %, et la victoire était devenue possible, au deuxième tour des présidentielles.

Nous faisons peut-être un peu de politique, mais les grands mouvements de l'histoire s'expliquent aussi par ce qui s'est passé à l'intérieur des deux camps. Je dois dire, d'ailleurs, que ce qui s'est passé dans le camp de la gauche et qui a été parfaitement maîtrisé peut se passer dans l'autre camp. Je n'en dirai pas plus pour ne pas m'immiscer dans la vie intérieure de l'opposition.

Éclairez-moi sur un point d'histoire. Quand vous étiez secrétaire général de la présidence de la République, au début, vous gardiez des contacts par téléphone, vous aviez même souvent des visites de Pierre Mendès France, il s'en félicite, et puis, à un moment donné, il y a eu une crise à propos d'un voyage au Proche-Orient et d'une mission qu'il souhaitait avoir.

Oui, mais je crois que Pierre Mendès France était déjà très fatigué. Son refus n'était pas dû à un mouvement d'humeur.

J'ai deux souvenirs très précis : cette extraordinaire accolade de Mendès et de François Mitterrand, ma femme était juste derrière Mendès et elle a entendu cette phrase : « Sans vous rien n'était possible. » François Mitterrand et Pierre Mendès France avaient les larmes aux yeux.

Mon deuxième souvenir, c'est que Pierre Mendès France se posait des questions sur la politique économique mise en œuvre par le premier gouvernement de Pierre Mauroy. Je vous laisse le soin de commenter. Comme vous le dites très justement, je voyais toujours Mendès, je lui parlais, je lui téléphonais, c'était par affection, mais aussi parce que je voulais toujours rapprocher les points de vue. Nous organisons un déjeuner à l'Élysée, où se trouvent beaucoup de collaborateurs et d'amis de Mendès France. Il y a la belle-fille de Pierre Mendès France, Nathalie, il y a son mari François-Xavier Stasse, il y a encore deux ou trois amis, j'en suis. Il y a naturellement François Mitterrand et Mme Mendès France. Et François Mitterrand dit :

« Vous voyez bien que vos idées sont à l'Élysée ; je ne suis entouré que de mendésistes. » Alors nous sommes partis dans une discussion fort amicale et, à mon avis, fort utile.

Voilà donc des rapports complexes entre deux personnalités attachantes l'une et l'autre. François Mitterrand a le culte de l'amitié ; c'est une de ses grandes vertus. Pierre Mendès France aussi. On ne peut pas parler d'amitié entre eux, pas au sens que l'on donne à ce mot parfois galvaudé, mais il y avait une certaine confiance, une estime vraisemblablement. Peut-être y a-t-il eu, à une certaine époque de leur vie politique, une compétition. Mais quand je dis que François Mitterrand a le culte de l'amitié et qu'il s'intéresse à la carrière de ses amis politiques, au bon sens du terme, je veux dire que Pierre Mendès France se souciait moins de ces choses-là. C'est peut-être d'ailleurs une des raisons pour lesquelles il n'avait pas réussi à consolider autour de lui une équipe politique dans les années 1954-1955.

Mais je crois que leurs rapports étaient confiants et bons. Naturellement, avec leur part de vérité à chacun d'entre eux.

Il m'est arrivé à plusieurs reprises de parler de François Mitterrand avec Pierre Mendès France, et il me disait à peu près ceci : « C'est un homme politique » et, de sa part, c'était un compliment. « Il connaît mieux que quiconque la carte électorale de la France », et il ajoutait : « Et c'est un homme de conviction. » Il me disait aussi ceci, en 1972-1974 : « Sur toutes les grandes questions d'intérêt national, François Mitterrand a toujours fait le bon choix », et il évoquait son départ du gouvernement au moment de la déposition du sultan du Maroc. Il évoquait le choix fait sur la décolonisation. Mendès France aimait à citer un des premiers articles écrits en 1952 par François Mitterrand, à propos de la Tunisie et de l'Afrique. Il évoquait le 13 mai 1958 et ce qui a suivi, et bien d'autres questions, il disait toujours : « C'est un homme de conviction sur l'essentiel, il fait toujours le bon choix, pour la France, et pour son camp, le camp du progrès. »

> En fait, je faisais allusion à une seule chose ; c'est que, à un moment donné, il m'a semblé que Mendès France, si incertain qu'il fût sur sa santé, avait souhaité, du fait de ses contacts avec les Palestiniens qui étaient devenus très importants et avec une partie des Israéliens, avoir une mission précise, et qu'il avait l'impression que Mitterrand le refusait. Il en a souffert.

Je ne connais pas cet épisode et je n'y ai pas été mêlé. C'est tout ce que je peux dire au regard de l'histoire.

> Sur le chapitre des compétitions, en 1968, quand François Mitterrand, pendant la période de vacuité du pouvoir, a dit qu'il était candidat à la présidence, qu'il prendrait Mendès France comme Premier ministre, il a dû y avoir des deux côtés une crispation, pour employer un mot modéré.

Pierre Mendès France pressait François Mitterrand de se décider et considérait qu'il fallait qu'il y eût un gouvernement de transition.

Je me souviens d'avoir rencontré Pierre Mendès France à son domicile, et là encore, ma voiture, avec le chauffeur que j'étais, l'a transporté de son domicile de la rue du Conseiller-Collignon, au domicile rue de Rivoli de Georges Dayan où Mendès a retrouvé, ce jour-là, les dirigeants les plus importants de la FGDS : François Mitterrand, René Billières et Guy Mollet. Donc, il y avait concordance de vues.

Le général de Gaulle, le lendemain, a transformé la situation ; l'un et l'autre, et pas plus l'un que l'autre, avaient été mêlés à cette période-là.

Je ne crois pas qu'il y avait compétition. J'avais d'ailleurs, moi-même, eu l'occasion de joindre François Mitterrand et de parler avec Pierre Mendès France. J'assistais à la conférence de presse de François Mitterrand qui disait : « S'il y a les élections, je serai candidat, et s'il y a gouvernement de transition, on le mettra en place pour cette période-là. »

Je crois que l'histoire est parfois injuste parce qu'on ne retient des événements que ce que l'on veut bien en retenir. Ce que l'on a retenu, c'est que François Mitterrand avait fait acte de candidature alors que le général de Gaulle n'avait pas encore dit qu'il démissionnerait, encore qu'il l'avait laissé entendre. On a moins retenu l'épisode de ce gouvernement de transition dont Pierre Mendès France avait réclamé la constitution.

Il y a eu Charléty aussi. L'un était pour, l'autre était contre. J'étais contre.

Vous étiez contre ?

Oui, je ne suis pas allé à Charléty. J'avais analysé la situation : le rapprochement heureux entre les étudiants et les ouvriers ne s'est pas produit, et je savais, peut-être parce que j'étais syndicaliste, peut-être parce que je vivais moi-même ces événements-là de très près, qu'il ne se produirait pas.

> Pour conclure, dans quelle mesure, peut-on dire, monsieur le Premier ministre, que la politique de la France, d'une manière générale, la décolonisation, la politique économique, a laissé des traces, a été influencée par la carrière d'un homme qui est resté sept mois et dix-sept jours au pouvoir ? Quel rôle a-t-il joué quand il n'était pas au pouvoir, et quel rôle joue-t-il dans votre esprit en ce moment ?

Pierre Mendès France a joué un grand rôle, c'est une banalité que de le dire, exactement dans les domaines que vous avez cités. La décolonisation, la démocratie économique prise au sens large du mot, les nouveaux rapports entre le syndicalisme, la société et la politique, la politique économique qu'on appellera une politique des grands équilibres ont beaucoup influencé le cours des choses dans notre pays.

Il avait le souci d'être entendu et reconnu par la jeunesse, et je crois qu'il l'a été. Peut-être cette espérance qu'il avait fait naître en 1954 a-t-elle été porteuse d'espoir au-delà du rôle qu'il pouvait jouer dans la société politique. Ensuite, il a exercé, en effet, une sorte de magistère moral, et je crois que beaucoup se reconnaissent en lui. Le discours que

François Mitterrand a prononcé le jour de ses obsèques mérite d'être relu. Je ne peux pas dire mieux.

Il exerce sur moi aujourd'hui une grande influence. Je voudrais être digne de son exemple. Je ne me prends pas pour Mendès France, absolument pas ; nous sommes différents les uns des autres, mais s'il pouvait me voir, on ne sait jamais, ça fait partie des mystères de la vie, j'aimerais qu'il pût porter un jugement positif.

Pierre Mendès France m'a beaucoup apporté, François Mitterrand aussi. Où je suis, je m'inspire de ces deux exemples.

Je sais que j'ai assez peu de temps, quel que soit le résultat des élections, car l'existence d'un gouvernement est toujours à reconsidérer, une fois que le peuple s'est prononcé aux élections législatives, d'où l'importance que j'ai attachée à essayer d'établir une sorte de calendrier dans quelques grands domaines de l'action du gouvernement. Mais, en même temps, je sais par expérience qu'il faut se donner du temps. C'est ce que m'a appris François Mitterrand. Il faut aussi beaucoup de volonté. Il ne faut pas vivre sous la pression de l'immédiat et du conjoncturel.

D'ailleurs, vous avez pu le remarquer lors de mon entrée en fonction, j'ai voulu que le Conseil des ministres se tienne au jour dit, qu'on n'en fasse pas un par anticipation, le président de la République m'ayant donné son accord tout de suite. J'ai souhaité n'intervenir publiquement que devant le Parlement, pour restaurer l'image du Parlement, à laquelle d'ailleurs était très attaché Pierre Mendès

France. Après, j'ai pris mon temps pour m'exprimer devant les médias.

Je crois que c'est très important de ne pas vivre dans la précipitation ; je tiens cela des deux hommes, mais peut-être un peu plus de François Mitterrand.

Table

Interviews de

IMPRIMERIE S.E.P.C. À SAINT-AMAND (CHER)
DÉPÔT LÉGAL : OCTOBRE 1992. N° 19427 (2585-1738).

COLLECTION « L'HISTOIRE IMMEDIATE »
DIRIGÉE PAR JEAN-CLAUDE GUILLEBAUD

EXTRAIT

JEAN-PAUL ALATA, Prison d'Afrique
MICHEL ALBERT
Le Pari français
Un pari pour l'Europe
Capitalisme contre capitalisme
MICHEL ALBERT/JEAN BOISSONNAT
Crise, Krack, Boom
ANDRÉ BACCARD, Les Martyrs de Bokassa
TAHAR BEN JELLOUN, Hospitalité française
JEAN BERTOLINO, Albanie la sentinelle de Staline
AGNÈS BENSIMON, Hassan II et les juifs – histoire d'une émigration secrète
HERVÉ BOURGES, Une chaîne sur les bras
CLAIRE BRIÈRE/PIERRE BLANCHET
Iran : la révolution au nom de Dieu
PASCAL BRUCKNER
Le Sanglot de l'homme blanc
La Mélancolie démocratique
CABU ET CLAUDE-MARIE VADROT
Plutôt russe que mort !
CABU/JEAN-CLAUDE GUILLEBAUD
Sauve qui peut à l'Est
CABU/JEAN-CLAUDE GUILLEBAUD ET LAURENT JOFFRIN
Cabu en Amérique
JEAN-YVES CARFANTAN, L'Europe verte sous influence
GÉRARD CHALIAND
Mythes révolutionnaires du tiers monde
L'Enjeu africain
GILLES CHOURAQUI, La Mer confisquée
RALF DAHRENDORF, Réflexions sur la révolution en Europe
JEAN DANIEL, De Gaulle et l'Algérie
MICHEL DEBATISSE, Le Projet paysan
JEAN-FRANÇOIS DENIAU, L'Europe interdite
PIERRE-ANTOINE DONNET, Le Japon achète le monde
PIERRE-MARIE DOUTRELAND
Les Bons Vins et les Autres
La Bonne Cuisine et les Autres
RENÉ DUMONT
Chine, la révolution culturale
Finis les lendemains qui chantent
(1. Albanie, Pologne, Nicaragua)
(2. La Chine décollectivise)
(3. Bangladesh, Népal : « l'aide » contre le développement)
Cette guerre nous déshonore
RENÉ DUMONT/MARIE-FRANCE MOTTIN
Le Mal-Développement en Amérique latine

René Dumont/François de Ravignan
Nouveaux Voyages dans les campagnes françaises
Maurice Duverger, Les Orangers du lac Balaton
Bruno Étienne, Algérie, cultures et révolution
John-Kenneth Galbraith, Anatomie du pouvoir
Irène Gendzier, Frantz Fanon
Bernard Granotier, La Planète des bidonvilles
Günter Grass, Propos d'un sans-patrie
David Grossman, Le Vent jaune
Jean-Claude Guillebaud, Les Confettis de l'Empire
Pierre Haski, l'Afrique blanche
Raj et Renée Isar, L'Inde au-delà du mythe et du mensonge
Adil Jazouli, Les Années banlieues
Jean-Noël Jeanneney, Leçon d'histoire pour une gauche au pouvoir
Jean-Noël Jeanneney et Monique Sauvage, Télévision, nouvelle mémoire
Laurent Joffrin
La Gauche en voie de disparition
La Régression française
Amnon Kapeliouk, Enquête sur un massacre (Sabra et Chatila)
Jean et Simonne Lacouture
Viêt-nam, voyage à travers une victoire
En passant par la France
Jean Lacouture et Roland Mehl
De Gaulle ou l'Éternel Défi
Hubert Lafont/Philippe Meyer
Le Nouvel Ordre gendarmique
Jean-Daniel Le Franc, Industrie : le péril français
Daniel Leconte, Les Pieds-Noirs
Hua Linshan, Les Années rouges
Gilles Martinet, Sept Syndicalismes
René Maury, Les patrons japonais parlent
Chico Mendes, Mon combat pour la forêt
Jean-Jacques Michel/Huang He
Avoir 20 ans en Chine... à la campagne
Alain Minc
L'Avenir en face
Le Syndrome finlandais
Marie-France Mottin, Cuba quand même
Jean-Pierre Moulin, Qu'est-il arrivé à la France ?
Oana Orlea, Les Années volées
Observatoire de l'observation, L'Information dans le monde
Antoine Ottavi, Des Corses à part entière
Pierre Pachet, La Violence du temps
Jacques Pinto, Journal de Judée
Evguéni Primakov, Missions à Bagdad – histoire d'une négociation secrète
Albert Du Roy et Robert Schneider
Le Roman de la Rose
Victor Scherrer
La France paresseuse
Dans la jungle des affaires

Raja Shehadeh, Tenir bon
Robert Solé, Le Défi terroriste
Véronique Soulé, Avoir 20 ans à l'Est
Ibrahim Souss, Lettre à un ami juif
Lionel Stoleru, L'Ambition internationale
Emmanuel Todd
La Nouvelle France
L'Invention de l'Europe
Viet Tran, Viêt-nam : J'ai choisi l'exil
Paul Trouillas, Le Complexe de Marianne
Claude-Marie Vadrot, Les Nouveaux Russes
Claude Wauthier, L'Afrique des Africains (nouvelle édition)
Jean Ziegler
Les Rebelles
La Victoire des vaincus